陪孩子走过小学6年

蔡万刚 ◎ 编著

国家一级出版社　中国纺织出版社　全国百佳图书出版单位

内 容 提 要

小学六年，对于孩子而言是刚刚走出家庭、结束幼儿园生涯之后，正式步入义务教育第一阶段。在小学阶段，孩子不但要养成良好的学习习惯，也要学习很多基础知识，未来才能升入心仪的初中学校。

本书旨在帮助那些没有经验的父母，有的放矢地帮助孩子成长，从入学到适应新学校，从学习到身心成长，切实地陪伴和引导孩子，从而保证孩子顺利度过小学时光。

图书在版编目（CIP）数据

陪孩子走过小学6年／蔡万刚编著.—北京：中国纺织出版社，2019.4

ISBN 978-7-5180-5988-1

Ⅰ.①陪… Ⅱ.①蔡… Ⅲ.①小学教育 Ⅳ.①G62

中国版本图书馆CIP数据核字（2019）第043238号

责任编辑：闫 星　　特约编辑：李 杨　　责任印制：储志伟

中国纺织出版社出版发行
地址：北京市朝阳区百子湾东里A407号楼　邮政编码：100124
销售电话：010 67004422　传真：010-87155801
http://www.c-textilep.com
E-mail: faxing@c-textilep.com
中国纺织出版社天猫旗舰店
官方微博http://weibo.com/2119887771
天津千鹤文化传播有限公司印刷　各地新华书店经销
2019年4月第1版第1次印刷
开本：710×1000　1/16　印张：14
字数：167千字　定价：39.80元

凡购本书，如有缺页、倒页、脱页，由本社图书营销中心调换

前　言

小学六年到底有多么重要，很多父母都不了解，也常常为此感到迷惘。有的父母认为小学阶段只要养成良好的学习习惯就好；有的父母认为小学应该是玩过去的；也有的父母将小学阶段的学习看得至关重要，常常把孩子盯得很紧，也无形中给了孩子太大的压力，导致孩子在成长过程中快乐很少，焦虑很多。不得不说，这些父母对于小学六年的学习和成长，理解都过于片面了。

小学六年，在低年级阶段，是孩子个性的形成期；而到了高年级阶段，孩子处于青春初期，也是性格的矫正期。在小学六年的时间里，如果父母能够耐心地引导孩子养成好习惯，也引导孩子的个性健康发展，那么孩子的成长就会变得更加顺利，未来也会有更好的人生成就。正因为如此，才有人说小学六年是孩子最有效的教育期。一旦错过这个时期，到了初中阶段，父母再想纠正或引导孩子，则显得很难，甚至会因为没有在小学阶段为良好的亲子关系奠定基础和基调，导致父母与孩子的相处始终处于磕磕绊绊的状态。就像一棵树，小学阶段的孩子就是树苗，在树苗阶段，一定要培根固本，树苗长大之后才能耸入云霄，成为参天之材。

细心的父母会发现，有些人在长大成人之后伤风败俗、违反法律，实际上他们的行为并不是偶然发生的，而是在小时候就初露端倪。也有些孩子，在成长的过程中，就没有与父母建立良好的亲子关系，这对于他们成年之后的人生选择有着根深蒂固的影响。因此，父母千万不要小

觑自己在孩子成长过程中的重要作用,在孩子面前,父母要坚持成长,才能给孩子起到更好的言传身教作用。

从知识结构方面来说,孩子在小学六年里所学到的基础知识,将会为他们初中阶段的学习奠定基础。如果没有小学的知识作为铺垫,孩子在进入初中阶段学习时就会面临很大的困境。尤其是在学习的过程中,孩子还要养成良好的学习习惯,才能最大限度地激发自身潜能,增强和提升自我的能力与素养,也得到更好的发展和成长。

正如人们常说的,父母是孩子的第一任老师,孩子是父母的镜子。在引导和教育孩子成长的过程中,父母一定要多多激励孩子,也要给孩子树立最好的榜样,这样才能成为孩子言行举止的标杆。当然,在整个小学阶段,孩子从儿童成长为少年,心理上的发展和变化也是很大的。父母要时刻关注孩子的心灵,与孩子建立亲密无间的亲子关系,这样在孩子感到困惑、迷惘的时候,父母才能有效地引导孩子。

所谓爱之深责之切,在现代社会,部分父母都已陷入教育焦虑状态,面对孩子的成长,父母更要摆正心态。很多父母坚定不移地认为自家的孩子是最优秀的,但是随着孩子渐渐成长,他们感到越来越失望,因为他们看到了自家孩子的平庸,也看到了别人家孩子的优秀。父母要知道,金无足赤,人无完人,孩子不可能是完美无瑕的,就像父母也不可能十全十美一样。父母既要接纳自己的不完美,更要接纳孩子的不完美,唯有真正做到接纳和悦纳孩子,父母才能最大限度地激发孩子的潜能,才能有效地提升和完善孩子。

父母对于孩子都有一颗殷切的心,都望子成龙、望女成凤。那么在陪伴孩子成长的过程中就要坚持。唯有坚持,才能最大限度地增强孩子的信心和力量;唯有耐心陪伴,才是对孩子最长情的告白。很多父母努力为孩子提供优越的条件，也总是给予孩子最大的成长空间，帮助孩子健康快乐成长。今天父母多付出一些，多多陪伴孩子，和孩子一起钻研和探索，少低头看手机等电子产品，未来孩子的人生之路就会更加平顺，这是对父母最大的回报，也是父母在养育孩子过程中最大的收获。作为父母，你准备好和孩子一起迈入小学的校门，陪伴孩子一起度过小学六年宝贵的光阴了吗？这样的时光不会再来，一定要珍惜啊！

编著者

2018年11月

目　录

第1章　幼升小衔接期，和孩子一起作好入学准备　‖001

　　作好准备，陪孩子入学　‖002
　　幼儿园到小学的过渡期很重要　‖004
　　原来，小学比幼儿园更有趣　‖006
　　教会孩子面对入学焦虑　‖008
　　孩子入学，父母也要"断奶"　‖010
　　把家变成小小的校园　‖012
　　校园，何尝不是一个微缩社会　‖014

第2章　新学校适应期，帮助孩子应对环境变化　‖017

　　认识很多新的人　‖018
　　熟悉和了解校园环境　‖019
　　和孩子一起制订学习目标和计划　‖022
　　帮助孩子发展兴趣　‖024
　　调整时间，适应小学作息规律　‖026
　　与同学吵架怎么办　‖029

第3章　专注课堂学习，帮助孩子提升注意力　‖033

　　遵守课堂纪律，养成良好的听课习惯　‖034
　　学会预习，提升学习效率　‖036

　　认真听讲，才能保证听课效果 ‖ 038

　　上课，要以老师的思路为主导 ‖ 040

　　积极回答问题，与老师互动 ‖ 043

　　记好笔记，便于课后复习 ‖ 045

　　多多提问，学习不是填鸭 ‖ 046

第4章　提高孩子情商，自信乐观的孩子更善交际 ‖ 049

　　情商对于孩子的成长很重要 ‖ 050

　　让孩子落落大方，不卑不亢 ‖ 052

　　让孩子独立解决社交问题 ‖ 054

　　远离嫉妒，孩子才能更快乐 ‖ 057

　　帮助孩子认知自我，提升自信 ‖ 059

　　让孩子感受成功，信心倍增 ‖ 061

第5章　投资课余时间，让孩子在玩耍中学习 ‖ 065

　　给孩子创造条件阅读更多好书 ‖ 066

　　培养孩子细致的观察力 ‖ 068

　　坚持写日记，培养孩子的表达能力 ‖ 070

　　今日事今日毕，才能提升效率 ‖ 072

　　让孩子融入人群 ‖ 074

　　让孩子走进大自然 ‖ 076

　　还给孩子一个精彩的假期 ‖ 078

第6章 讲究方式方法，让孩子愿意学习 ‖083

培养孩子的专注力 ‖084

创造条件让孩子爱上学习 ‖087

给孩子更多学习的自由 ‖089

正确面对孩子的考试成绩 ‖091

培养孩子的能力，比提升孩子的成绩更重要 ‖094

让孩子学会平衡玩耍与学习的关系 ‖096

养成早睡早起的好习惯 ‖098

努力学习，并且学以致用 ‖100

玩中学，激发孩子的学习内驱力 ‖102

第7章 在试错中成长，培养孩子的自理能力 ‖105

不占便宜的人也不会吃大亏 ‖106

让孩子独自旅行 ‖108

增强孩子的独立生存能力 ‖110

当丢失了心爱的东西怎么办 ‖113

教会孩子制作美食 ‖115

让孩子练就"火眼金睛"，远离伤害 ‖117

户外环境中，孩子要会使用地图 ‖120

培养和提高孩子的财商 ‖122

引导孩子合理消费、正确购物 ‖123

第8章 培养抗压能力，让孩子在挫折中学会坚强 ‖ 127

让孩子坚强勇敢 ‖ 128

孩子要有热情的人生态度 ‖ 130

面对抉择，孩子要果断 ‖ 132

面对危急情况，孩子要保持冷静 ‖ 134

培养孩子宽容的心 ‖ 136

自律，给孩子成长的力量 ‖ 139

学会对孩子的困境作壁上观 ‖ 141

第9章 培养自控能力，让孩子拥有管理自己的力量 ‖ 145

有自控力，孩子才能管理好自己 ‖ 146

学会引导自己，比尊重规则更重要 ‖ 148

不娇纵，让孩子能够控制情绪 ‖ 150

在游戏过程中管理自己 ‖ 153

孩子有力量管理好自己吗 ‖ 155

努力训练，让孩子更加坚定执着 ‖ 157

第10章 青春期，关键注意孩子心理问题 ‖ 159

孩子需要乐观积极地面对人生 ‖ 160

愤怒是人生的负面情绪 ‖ 162

青春期如何面对早恋 ‖ 165

网络游戏对于青春期孩子的影响 ‖ 166

理性对待孩子的异性朋友 ‖ 169

　　什么才是真正的义气 ‖171

　　女孩，要学会保护自己 ‖173

　　男孩也有可能面临性骚扰和性侵害 ‖174

第11章　和孩子共同成长，父母也要成为更好的自己 ‖177

　　父母以身作则很重要 ‖178

　　家庭教育中，父母要注意方式方法，并统一口径 ‖180

　　父母要对孩子一诺千金 ‖182

　　失败是人生进步的阶梯 ‖185

　　宽容有爱，孩子才能快乐成长 ‖187

　　宽容他人，就是宽宥自己 ‖189

　　大智若愚，才是真智慧 ‖191

第12章　小升初的指南，为孩子升学择校把脉支招 ‖195

　　必须了解的小升初规则 ‖196

　　父母是孩子最好的心理咨询师 ‖198

　　引导孩子合理制订复习计划 ‖200

　　不要盲目追求名校、特色学校 ‖202

　　公办学校与民办学校 ‖204

　　走读好，还是住宿好 ‖207

　　父母做好三点，小升初顺利度过 ‖209

参考文献 ‖212

第1章
幼升小衔接期，和孩子一起作好入学准备

从幼儿园升入小学，不仅孩子的生活和学习环境发生了改变，而且孩子所面临的学习任务日益艰巨，学习要求也日益提高。为此，从幼儿园到小学，孩子需要经过一定的适应阶段，只有在父母的帮助下孩子才能顺利适应小学阶段的生活和学习。此外，能否顺利适应，对于孩子在整个小学阶段的成长也会有很大的影响。所以父母一定要慎重对待孩子的幼升小衔接期，也要尽己所能地和孩子一起在小学阶段健康快乐地成长。

作好准备,陪孩子入学

豆豆读幼儿园大班,很快,他就要升入小学一年级,开始小学阶段的学习和生活。为此,妈妈早早就开始帮助豆豆作准备,也希望豆豆能够顺利适应小学生活。

原本,豆豆是特别喜欢睡懒觉的,每天早晨,豆豆都是最后一个到幼儿园,因为他醒来之后还要在床上逗留很久,才会慢吞吞地起床、洗漱、吃饭。和最初上幼儿园的时候不同,豆豆对于幼儿园已经没有那么大的新鲜感和热情,也不再积极地早早起床奔赴幼儿园。但是妈妈很清楚,一旦进入小学,豆豆必须更早地起床,而且不能有丝毫耽搁,如果天天迟到一定会引起老师的反感。为此,妈妈决定从幼儿园毕业之前3个月开始,就帮助豆豆调整作息规律,也让豆豆养成早睡早起的好习惯。妈妈规定豆豆:每天晚上8点准时洗漱,八点半准时睡觉,早晨六点半准时起床、洗漱、吃早饭,然后七点半出门去学校。

听说要这么早睡觉,豆豆当然不愿意,他和妈妈讲条件:"我上小学之后会很早起床的,我保证,现在就不要让我这么早起床。"妈妈态度很坚决:"现在不养成早睡早起的好习惯,将来怎么按时起床呢?你马上就是小学生了,不是幼儿园的小朋友啦!"在妈妈的坚持下,豆豆渐渐改掉晚睡晚起的坏习惯,对于动画片的观看,也有所收敛。

对于幼儿园的孩子而言,一旦成为一年级的小学生,不管是在生活作息上,还是在学习内容和方式上,都将面临巨大的改变。父母要想帮

助孩子作好入学前的准备，就要调整整个家庭的生活节奏和作息方式，以身作则，坚持少看电视，早睡早起。

从幼儿园到小学，可以说是孩子学习生涯的第一个转折点，毕竟幼儿园是以帮助孩子养成良好的习惯为主，而小学则是以学习和提升为主。有些父母觉得小学一年级没关系，偶尔迟到也无所谓，其实不然。对于孩子而言，也许迟到一次两次没关系，但是如果经常迟到，孩子就会形成错误的时间观念，渐渐地迟到就会成为习惯，这会给孩子的学习生活带来糟糕的影响。所以，父母一定要重视初入小学阶段对于孩子好习惯的培养，只有养成好习惯，孩子将来才能快乐地度过小学阶段，才能在学习上有所收获和成长。

除了作息方面的调整之外，还要激发孩子对于小学阶段的渴望和憧憬，以及孩子的求知欲。在整个小学阶段，孩子所面临的学习任务会越来越重，为此对于知识怀有渴求之心，对孩子来说是非常重要的。为了激发孩子对读小学的憧憬，父母还可以帮助孩子做好身体上的准备工作，让孩子多多锻炼身体，增强体质。此外，给孩子准备喜欢的书包和各种文具，也会让孩子对小学生活充满好奇。

在幼儿园阶段，幼儿园布置的作业都是充满趣味性的；到了小学阶段，作业则是一项需要在家里完成的任务，也是帮助孩子复习巩固课堂所学知识的手段，所以父母要为孩子精心布置一个可以静心完成作业的空间，这样孩子才能全心全意地完成作业。当然，在幼儿园即将毕业的时候，父母可以让孩子每天写简单的数字等，写什么不是主要目的，重要的在于帮助孩子养成全心全意完成作业的好习惯。

总而言之，孩子从幼儿园升入小学，需要做的准备很多，父母一定要引导孩子从身心、生活、学习等各个方面作好准备，才能让孩子顺利

适应小学阶段的生活,这对于孩子整个小学阶段的学习都有利而无弊。

幼儿园到小学的过渡期很重要

在幼儿园里,豆豆一直深受老师的喜欢,不管幼儿园举行什么活动,豆豆总是能够代表班级展示才艺。可以说在幼儿园豆豆是焦点人物,是在众星捧月下长大的。为此,豆豆总是非常有信心,也习惯了被人瞩目。

然而,进入小学之后,因为豆豆就读的小学是重点小学,所以学校里人才济济。爸爸妈妈虽然提前引导豆豆养成良好的作息习惯,却忽略了给豆豆做思想工作。为此,在进入小学之后,豆豆还想像以前一样得到大多数人的瞩目,但是很多同学都比豆豆优秀,所以豆豆显得不那么引人注意。

才开学没多久,有一天放学回家,豆豆郁郁寡欢。妈妈纳闷地问豆豆:"豆豆,你怎么了?"豆豆噘起嘴巴,说:"妈妈,我不想在这个学校上学,我还想回到幼儿园!"听到豆豆这种奇怪的想法,妈妈惊讶地张大嘴巴:"但是你已经长大了,到了上小学的年纪,不可能再上幼儿园啊!"豆豆闷不作声,妈妈心中灵光一闪,意识到豆豆也许是不喜欢这个学校,因而问豆豆:"豆豆,你为什么想回到幼儿园呢,可以告诉妈妈吗?"豆豆对妈妈说:"这还用问吗?肯定是我不喜欢这个学校呗!"妈妈又问:"那么,你为什么不喜欢这个学校呢?"豆豆难过地说:"在这个学校里,老师都不喜欢我。老师今天表扬了另外一个小朋友,昨天、今天都没有表扬我。"听了豆豆的解释,妈妈恍然大悟:原

第1章 幼升小衔接期，和孩子一起作好入学准备

来，豆豆习惯了在幼儿园里当焦点人物，所以对于小学阶段老师关注的人更多，无形中忽略了他，感到不满意。妈妈语重心长地对豆豆说："豆豆，老师没有表扬你，不代表老师不喜欢你。你想啊，幼儿园里一个班才十几个小朋友，现在你的班级里有四十多个小朋友，所以老师需要关注更多的人。老师也不可能每天都表扬每个小朋友，只有有突出表现的小朋友，老师才会重点表扬。所以你要有耐心，好好表现，认真学习，相信老师总有一天会当着全班四十多个同学的面表扬你的。"一听到自己将会被老师当着四十多个同学的面表扬，豆豆无限憧憬。

为了帮助孩子顺利适应小学阶段的生活，在孩子进入幼儿园大班时，爸爸妈妈就应该帮助孩子作准备了。也许爸爸妈妈在别的方面准备得很充分，却忽略了帮助孩子进行心理上的准备。对于孩子而言，唯有从各个方面作好幼升小的准备，才能更加从容地迎接小学生活的到来，适应小学生活的节奏。

很多孩子都和事例中的豆豆一样，在最初上小学的时候满怀信心，然而，他们并没有忘记自己作为幼儿园里的小明星的角色，也认为这所有的名誉和光环都将伴随着他们一起进入小学。在这种心态的影响下，等到真正进入小学开始学习，他们就会产生巨大的心理落差，甚至因为无法得到预期的荣耀，而产生厌学心理。

从幼儿园升入小学，从老师关注的焦点，到被老师忽视，孩子很容易就会产生挫败感。父母要未雨绸缪，为孩子作好心理准备，在家庭生活中也要避免总是把孩子当成中心和焦点。此外，在感受到孩子的沮丧情绪之后，父母还要有意识地帮助孩子放松心情，让孩子更加自信，也能够坦然迎接一切。总而言之，孩子的内心是稚嫩的，一下子面临生活和学习上的巨大转折与改变，有情绪完全情有可原。父母既要理解和接

纳孩子的情绪,也要引导孩子积极主动地面对改变,才能帮助孩子消除厌学情绪,真正地喜欢上更具有挑战性的小学生活。

原来,小学比幼儿园更有趣

在妈妈的安抚下,豆豆终于消除了厌学情绪,开始努力认真地继续小学生活。开学没多久,学校要举行秋游活动,目的地正是豆豆最喜欢去的绿博园。绿博园是个美丽的公园,靠在长江边上,而且绿博园里还有很多游乐设施,老师说每个孩子都可以挑选三个游乐设施玩耍。听到这个消息,豆豆高兴极了。当天下午一放学,豆豆就和妈妈一起去超市购买秋游用的食品,而且妈妈还同意豆豆自己选择喜欢吃的零食呢!

次日,秋高气爽,豆豆穿着校服,背着背包,和同学们一起坐上大巴车。这是豆豆第一次和同学们一起出去玩,看到了学校秋游浩浩荡荡的队伍,豆豆兴奋不已。这次秋游,让豆豆体验到集体活动的快乐,他回到家里兴致勃勃地告诉妈妈:"妈妈,小学真好玩,我觉得比幼儿园有趣多了。幼儿园里,我们从未出去玩过,现在上小学,我们还可以不需要爸爸妈妈陪着,和同学们一起出去玩。听说,春天的时候还有春游呢,我简直等不及啦!"看着豆豆兴奋的样子,妈妈趁热打铁,对豆豆说:"是啊,幼儿园的孩子还小,不能离开爸爸妈妈的监护,但是你上了小学已经长大了,所以不用爸爸妈妈看着,可以和老师、同学们一起玩,这意味着你成了大孩子。"豆豆意犹未尽地说:"长大真好,我盼望再长大一些!"妈妈调侃豆豆:"现在还想回到幼儿园吗?"豆豆嗔怪妈妈说:"妈妈,我已经不想回幼儿园了,你不要再说啦!"妈妈抚

摸着豆豆的头,也很高兴。

在没有领略到小学阶段有趣的生活之前,豆豆之所以想回到幼儿园,就是因为他在小学阶段没有得到老师的关注,不能总是被老师表扬。孩子的心总是稚嫩而敏感,也常常因为一些小事情就情绪波动。父母要想帮助孩子顺利适应小学阶段的生活,就要更多地鼓励孩子,也要想方设法让孩子感受到小学生活的丰富多彩和妙趣横生。唯有如此,孩子才会渐渐地爱上小学生活,也才会在成长的道路上更加盼望着长大。

和幼儿园阶段相比,小学阶段的乐趣很多。孩子们不断地成长,自理能力增强,他们渐渐地走向独立。在小学阶段,孩子们可以做幼儿园时期不能做的事情,还可以独立地作出很多决定。随着孩子的成长,父母要学会对孩子放手,也要有的放矢地引导孩子做更多力所能及的事情。当孩子意识到小学生活和幼儿园生活截然不同,也意识到自己面临崭新的人生阶段,他们一定会满怀热情,也会更加努力进取。

当孩子进入小学阶段,除了学校里的生活和幼儿园里的生活截然不同之外,在家庭生活中,父母也可以为孩子制造很多惊喜。这样,才能让孩子全面领略到成长的魅力,也让孩子意识到进入小学阶段开始学习,意味着他们的成长,也意味着他们步入了人生的崭新阶段。人们常说,这个世界上并不缺少美,缺少的只是发现美的眼睛,实际上在孩子的小学生活中也并不缺少趣味,缺少的只是父母对孩子发现趣味的引导。父母一定要让孩子发现小学生活中更多的乐趣,从而牢牢地吸引孩子的心,帮助孩子健康快乐地成长。

教会孩子面对入学焦虑

和悦悦相比,豆豆的幼升小还算顺利。作为豆豆的同班同学,悦悦的入学经历则坎坷得多。刚刚升入一年级,悦悦就很排斥上学,因为在幼儿园里,每天就是吃喝玩乐,老师带着进行简单的游戏,而进入一年级,老师突然间变得"凶"了,这让悦悦很不适应。有一天放学,妈妈接悦悦回家,悦悦直接走到妈妈的车子里坐下来,没有和老师说再见。就算妈妈提醒她要和老师说再见,她也对妈妈的话爱搭不理。面对老师,妈妈觉得很尴尬。

回到家里,原本活泼开朗的悦悦也变得很沉默,对爸爸妈妈都不爱说话。妈妈走哪儿,悦悦都会紧紧跟在妈妈身后,生怕妈妈从她眼前消失。妈妈问悦悦在学校里的情况,悦悦也不回答。无奈之下,妈妈只好和老师电话沟通,了解悦悦的情况。从老师口中,妈妈得知悦悦在学校里也很沉默,尤其是在上课的时候,她从来不举手回答问题,有的时候点名叫到悦悦,她也总是低着头,一声不吭。妈妈意识到悦悦精神上很紧张,尤其是有一天晚上,悦悦还从睡梦中哭醒。看到悦悦这样子,妈妈心疼极了。

悦悦有典型的入学焦虑症状。从生活安逸舒适、学习轻轻松松的幼儿园,一下子进入小学阶段,悦悦必然感到难以适应。虽然一年级的学习生活还没有那么紧张,但是和幼儿园里的生活也是截然不同的。所以,父母在孩子进入幼儿园大班后,就应该循序渐进帮助孩子进行改变,从而为孩子尽早适应小学阶段的生活奠定基础。

面对孩子紧张焦虑的情绪,父母要表示理解,而不要抱怨或责备孩子。要知道,即使是成人离开熟悉的环境,进入陌生的环境,面对完全

第 1 章　幼升小衔接期，和孩子一起作好入学准备

陌生的人，也会感到紧张，更何况是年幼的孩子呢？所以父母要理解和接纳孩子的情绪，也要采取正确的方式帮助孩子缓解情绪，这对于孩子的成长而言非常重要。有些父母面对孩子哭哭啼啼或沉默不语的样子，往往会训斥孩子，殊不知，这不但不利于孩子舒缓情绪，反而导致孩子的情绪更加紧张。因而父母要觉察孩子的情绪状态，也要有的放矢地缓解孩子的情绪焦虑，从而全方位关注孩子，才能有的放矢地引导孩子健康快乐地成长。

当然，如果觉得孩子的情绪的确很异常，父母就要和老师取得联系。毕竟在工作日，孩子白天的大部分时间都是和老师一起度过的，只有老师最了解孩子在学校的表现。为了孩子考虑，父母很有必要及时和老师进行沟通，这样才能帮助孩子更好地成长起来。

有些父母觉得孩子还小，什么也不懂，应该完全听从父母的安排，父母也无须过多关注孩子的情绪。其实，父母这样的想法完全是错误的。孩子虽然小，感觉却很敏锐，感情也很细腻。对于生活中细微的改变，孩子都能敏感地觉察到，对于父母的态度，孩子也是非常关注和看重的。所以，父母一定要认真细致地对待孩子的成长，也要全方位关注和照顾孩子，这样才能打开孩子的心扉，走入孩子的内心，才能给孩子的成长以最大的助力。

记住，孩子的成长从来不是一蹴而就的，父母要把养育孩子作为毕生最伟大的事业。父母的责任不仅在于照顾孩子的吃喝拉撒，更在于关注孩子的心灵，引导孩子的情绪，帮助孩子形成各种正确的价值观念。常言道，十年树木，百年树人，要想把孩子养育成才，光有望子成龙、望女成凤的愿望是绝不行的，而是要把这一切的希望落实到实际行动上，才能切实有效地指导孩子，才能给予孩子真正强大的力量，这才算

是迈出了通往成功的第一步，也是至关重要的。

孩子入学，父母也要"断奶"

悦悦升入小学一年级，情绪一直很焦虑，为此，原本就担心悦悦不能适应一年级生活的妈妈就更操心了。每天中午，妈妈都会打电话询问老师悦悦吃午饭的情况，以及在学校里的表现。如此接连半个月，每天老师都会耐心地向悦悦妈妈汇报情况，半个月之后，妈妈再打电话给老师，老师委婉地说："悦悦妈妈，悦悦已经长大了，我觉得她可以对自己的生活负责。您要相信孩子，也要相信老师。如果有特殊的情况发生，我会及时给您打电话的。您可以专心工作，要相信孩子一切都好好的。"

妈妈虽然焦虑，但还是能听懂老师话中的不耐烦，也意识到自己这样每天给老师打电话，的确耽误老师休息。为此，妈妈勉强忍住不给老师打电话，下午放学接悦悦的时候，发现悦悦一切如常，妈妈终于放下心来。

在这个事例中，妈妈的确有些焦虑，所以才会每天给老师打电话询问悦悦的情况。妈妈不知道的是，对于悦悦而言，成长势在必行，不管她是否适应成长，她都被时光推着不断地长大。父母在孩子成长的过程中要跟得上孩子的脚步，配合孩子成长的节奏，唯有如此，才能与孩子一起享受亲子时光，也成为孩子最好的陪伴者。

孩子三年前进入幼儿园的情形还历历在目，转眼之间，孩子已经要进入小学阶段，开始小学阶段的学习。在孩子初入幼儿园的时候，幼儿园门口总能看到孩子抱着家长哭闹着不撒手的场景，孩子哭闹着进入

幼儿园，被交到老师手里，父母却在幼儿园门口久久徘徊，不忍离去。他们的耳边似乎还回响着孩子的哭声，他们的内心因此而备受煎熬，哪怕老师告诉他们孩子在幼儿园里已经不哭了，父母还是不放心。不得不说，可怜天下父母心。然而，从另一个角度来说，孩子总是要长大，父母即使再爱孩子，也不可能陪伴孩子一辈子，更不可能始终保护孩子。明智的父母知道，唯有对孩子放手，让孩子渐渐学会独立，他们将来才能更从容地面对生活。

很多父母都觉得孩子需要"断奶"，也把孩子进入幼儿园的哭闹阶段称为心理断乳期，实际上，不仅孩子需要"断奶"，父母更需要"断奶"，有的时候不是孩子离不开父母，而是父母离不开孩子。从新生命呱呱坠地开始，父母就全力以赴照顾新生命，但是，随着孩子不断成长，有些父母仍始终停留在孩子的襁褓时期，认为孩子依然需要父母全力照顾，不得不说，这样的父母比起孩子的成长相对滞后了。父母在养育孩子的过程中，一定要与时俱进，这样才能跟得上孩子成长的脚步，才能给予孩子恰到好处的教育和引导。

道理虽然人人都懂，要想真正做到，却是很难。在爸爸妈妈之间，妈妈因为一直以来主要负责照顾孩子，所以当孩子走入幼儿园离开妈妈的一瞬间，妈妈心中更不舍。然而，孩子的成长不可阻碍，当妈妈适应了孩子在幼儿园里的生活，接下来就要接受孩子升入小学的现实。

在幼儿园里，孩子能够得到老师相对周到的照顾，而到了小学阶段，老师不再承担照顾孩子的责任，而是主要负责教授孩子。所以孩子从幼儿园升入小学，同样要面临很大的不适应，在此期间，父母要做好孩子幼升小的准备工作，父母也要从心理上接受孩子即将升入小学的事实，这样才能对孩子及时放手。

有些妈妈很担心孩子在升入一年级之后不会自己吃饭,老师也不会盯着孩子吃午饭,其实这样的担心完全没有必要。孩子感到饿了,自然就会吃饱;孩子如果觉得不饿,即使在家里,也不会吃很多。此外,关于其他的生活自理能力,对于已经读小学一年级的孩子而言,他们理所当然应该具备。所以父母要放宽心,不要紧张焦虑,更要相信孩子,这样孩子才能在父母的支持和信任下健康快乐地成长。

把家变成小小的校园

眼看着琦琦就要上小学了,妈妈早就听闻很多幼儿园的孩子升入小学时,会很不适应小学的生活,为此妈妈也很担心琦琦能否顺利适应小学生活。为此,妈妈四处向那些有过幼升小经历的父母取经,向他们学习,最终决定和其中一位妈妈一样,在家里模拟校园环境,帮助孩子提前熟悉小学生活。

在小学开学前的最后一个暑假,很多父母都带着孩子进行狂欢,因为一旦升入小学,就没有那么多自由的时间可以四处玩耍。妈妈也安排帮助琦琦放松,但是她更清楚,必须利用暑假帮助琦琦作好准备,未来才能省心。为此,妈妈一边和琦琦度假,一边为琦琦制订符合小学作息规律的时间表,而且在不出去游玩的日子里,妈妈还模拟小学阶段的课程安排,给琦琦上课呢!琪琪一开始觉得很新奇,随着时间的流逝,渐渐感到厌烦,也几次三番向妈妈提出不要模拟,妈妈语重心长地告诉琦琦:"琦琦,你总要长大,也总要面对小学生活。现在也许辛苦一些,但是将来你就会很容易度过幼升小的适应期,也就可以有更好的成长和

表现。我们吃苦在前，享乐在后，好不好？而且你也没有吃很多苦啊，毕竟我们还经常出去玩呢！"

在妈妈的坚持下，一个暑假下来，琦琦已经非常熟悉小学的生活。因而新学期一开学，琦琦就背起书包高高兴兴上学去，没有丝毫不适应。

琦琦妈妈是非常明智的，她未雨绸缪，向那些有经验的父母取经，从而找到了帮助琦琦顺利度过幼升小适应期的最佳办法。对于琦琦而言，这也是一个不错的体验。实际上，很多孩子之所以不适应小学阶段的生活，主要是对小学阶段的作息规律不能适应。父母如果能在孩子正式升入小学之前，就对孩子进行配合与帮助，让孩子提前适应小学阶段的作息，则孩子开学之后只需要适应老师的讲课，面临的困难就大大减少了。

每个孩子的成长过程都是非常艰难的，在人生的道路上，一定要更加努力进取，才能积极奋进。尤其是对于孩子而言，他们时常面临人生中的第一次，如第一次走路、第一次独立穿衣服、第一次离开妈妈上幼儿园或上小学……在这些第一次之中，孩子渐渐长大，也逐渐拥有自己的思想。

父母要根据孩子成长的节奏，有的放矢地对孩子放手，而不要总是死死抓住孩子，限制孩子的进步和成长，否则孩子有朝一日长大了，能力发展却跟不上，就会更加被动。帮助孩子模拟小学的环境，除了要给孩子确定作息规律之外，父母还可以给孩子简单上课，为孩子布置作业。这样的模拟，是更加全方位的，对于孩子的适应也有很大的好处。

如果家里人比较多，父母还可以模拟学校组织各种活动，也在家里组织活动。孩子毕竟还小，自制力有限，一下子从懒散的幼儿园生活进入紧张的小学生活，一定感到很不适应。那么为了激发孩子对于小学

生活的好奇和喜爱，父母还可以组织家庭成员配合孩子一起做游戏，甚至准备各种奖励，以便给予孩子适时奖励。这样，孩子才会受到激励，也对小学生活充满好奇和渴望。父母要记住，孩子很容易受到父母的影响，因此，父母要始终激励孩子对即将开始的小学生活充满期望，这样才能给予孩子积极正向的作用。如果提起小学生活父母就很焦虑，无形中就会把这种焦虑的情绪传染给孩子，导致孩子的成长受到阻碍。

校园，何尝不是一个微缩社会

进入一年级学习一段时间之后，琦琦回到家里似乎有很多的心事。有一天，妈妈看到琦琦心事重重的样子，忍不住问："琦琦，你怎么了？"琦琦一语不发，对妈妈摇摇头。看到琦琦这样，妈妈更加不放心，又追问琦琦："琦琦，你有事情要告诉妈妈哦，妈妈是你的好朋友，你记得吧？"琦琦这才发愁地对妈妈说："妈妈，今天，悦悦和我闹别扭了，我也不知道我哪里做得不好。"妈妈很诧异："悦悦可是你的好朋友啊，为何会和你闹别扭呢？你要认真想一想，你有没有说错话，或者做错事，伤害了悦悦？"琦琦认真地想了想，说："没有。"妈妈安抚琦琦："每个人都会有情绪，也有可能是因为悦悦有烦心事，所以才不愿意和你说话。说不定等到明天，悦悦就会和以前一样与你亲近了。"

在妈妈的安抚下，琦琦暂时把悦悦不理她的事情抛在脑后，开始玩耍。到了第二天，悦悦果然对琦琦一如往常，琦琦高兴极了。她忍不住问悦悦："你昨天怎么不理我呢？"悦悦想了想："没有啊，我没有不

理你啊！"琦琦说："你真的不理我啦，就在昨天。"但是，悦悦想不起来自己不理琦琦的事情，琦琦释然："我们还是好朋友，对不对？"说着，她和悦悦手拉着手一起放学。

升入一年级，孩子的心事变得重了、烦恼变得多了，是因为孩子在成长过程中进入崭新的阶段。从在家里被父母照顾，到进入幼儿园被老师照顾，如今升入一年级，孩子变成了独立的生命个体，在社会化进程中又向前走了一大步，必须自己照顾自己，还要努力跟着老师学习知识。可以说，升入小学一年级，是孩子人生中最重要的转折点之一，能否顺利度过一年级的适应阶段，对于孩子完成整个小学阶段的学习至关重要。所以，父母一定要全方位关注孩子，从各个方面照顾孩子，才能陪伴孩子健康快乐地成长。

孩子从离开家进入幼儿园，就相当于迈出了进入社会的第一步。而孩子从幼儿园毕业，正式进入小学，则意味着孩子又深入踏足社会。在进入幼儿园之前，孩子活动的主要范围是家里或户外，很少有机会单独与他人打交道。在进入幼儿园之后，孩子离开父母，不得不独立面对社会，因而不得不走入社会，学会与身边的人打交道。当然，在幼儿园里，老师对于孩子的照顾还是非常周到全面的，所以孩子拓展生活半径和人脉关系的范围有限。进入小学阶段之后，一切又变得截然不同。小学校园就像一个小小的社会，孩子在校园环境里接受老师的教导努力认真地学习，但是，在生活中，老师并不会给予孩子更多的照顾。所以和在幼儿园相比，孩子又朝着独立迈出了一大步。

孩子除了要照顾好自己、努力认真学习之外，还需要与身边的人处理好关系。在幼儿园阶段，孩子是在老师的监管之下与小朋友相处，而在小学阶段，老师对于孩子的监管很松散，不到孩子之间闹矛盾的情

况，老师是不会过分干涉孩子的人际交往的。因而小学阶段，孩子的人际交往能力得以飞速发展。除了与同学们相处，孩子还要学会与老师相处，才能为自己建立更好的人脉关系和社交网络。

当孩子刚开始上一年级时，父母心中一定是忐忑的，因为他们很清楚孩子升入一年级之后，面临怎样的挑战。但是，父母要放下心中的焦虑，要相信孩子总是能够成功地调整好自己，也会努力地学习融入人群。尤其是面对学习，孩子更会调动自己的能力和力量，全力以赴做到最好。遗憾的是，有太多父母对于孩子无法做到放手，因为父母早就已经习惯了全方位照顾孩子，也习惯了为孩子操各种各样的心。父母要对孩子放手，这样才能促进孩子不断成长，也帮助孩子从幼稚渐渐地走向成熟。正如台湾作家龙应台所说的，父母子女一场，父母要看着孩子的背影渐行渐远。听起来，这样的描述似乎有些感伤，实际上对于孩子而言，这正是成长的过程和结果。父母看到孩子羽翼丰满能够飞离巢穴，理应感到欣慰，因为父母养育孩子的终极目的就是希望孩子能够独立自强，拥有属于自己的充实而又精彩的人生。

第 2 章
新学校适应期,帮助孩子应对环境变化

从幼儿园升入小学,孩子通常需要换一所新学校,结束在幼儿园的生活,进入崭新的小学环境中开始崭新的人生阶段。可想而知,在此过程中,孩子不但要面对新的学校,还要面对陌生的老师和同学。而且小学老师不可能和幼儿园老师一样无微不至地照顾孩子,所以父母必须帮助孩子适应幼升小的过渡期,也帮助孩子接受不可改变的外部环境。

认识很多新的人

记得刚开始上幼儿园的时候,悦悦根本记不住小朋友的名字,过了很长时间才记住一部分小朋友的名字。为此,妈妈还逗弄悦悦,说悦悦是个小迷糊呢!三年的时间过去,悦悦有了很大的改变。才上一年级没多久,悦悦就已经能够说出班级里大部分同学的名字。每天放学,妈妈接了悦悦往家回的时候,悦悦总是和妈妈喋喋不休,说起班级里的每一个同学。有的时候,妈妈记不住悦悦同学的名字,在和悦悦聊天的时候,经常把同学名字说错,还会遭到悦悦嘲笑。看着悦悦开心的样子,妈妈也很开心。

有一天放学,悦悦神秘地告诉妈妈:"妈妈,我们班级里有两对双胞胎。"妈妈很惊奇:"真的吗?那你们老师岂不是很难过,根本分不清楚啊!"悦悦说:"一对双胞胎都是男孩,长得特别像,一个叫张家麒,一个叫张家麟。不过他们不在一个班级,张家麒是我们班的,张家麟是(2)班的。""另一个双胞胎呢?"妈妈感兴趣地问。悦悦一本正经地对妈妈说:"妈妈,双胞胎是一对,不是一个。另一对双胞胎是一男一女,没有那么像,女孩在我们班,男孩在(2)班。"妈妈点点头,说:"你现在认识的人真多啊!"悦悦骄傲地说:"当然,我是我们班里认识人最多的,我喜欢记住他们的名字,这样我在看到他们的时候就喊他们的名字,我们就像朋友一样。"妈妈由衷地对悦悦竖起大拇指。

第2章 新学校适应期，帮助孩子应对环境变化

和初入幼儿园相比，孩子升入一年级，有非常大的改变和不同。孩子各方面的能力都得以增强，他们的记忆力和理解力都变得更强，对于人际关系的把握也比幼儿园阶段有了本质的飞跃和进步。父母要引导孩子认识更多的新同学、新老师，也要鼓励孩子结交更多的新朋友。随着不断成长，孩子的生活中不再只有爸爸妈妈，而是有更多的人出现，为此孩子也必须学会处理人际关系，才能让自己更加快乐。

当然，每个孩子的脾气秉性都是不同的。有些孩子特别外向，很容易自来熟；有些孩子特别内向，总是沉默寡言，在人际关系的发展方面就相对滞后。父母对于越是内向的孩子，越是要激励他们打开心扉，与身边的人友好相处，因为人类是群居动物，都要在人群中找准位置生活，而无法独立于这个世界去生存。

除了鼓励孩子与学校里的老师同学相互认识之外，父母还要鼓励孩子结识更多的人。随着人际圈子的不断扩大，孩子们的发展和成长速度更快。不得不说，与人打交道是比较困难的一件事情，孩子要想走出家门，真正踏足社会，就要学会与各种各样的人交往，也要学会与他人建立良好的关系。在与人交往的过程中，孩子也会获得成长，因为人与人的交往要进行沟通，而沟通恰恰可以传递很多的消息，也让孩子通过他人的讲述更加深入地了解这个世界。总而言之，孩子的成长不是一蹴而就的，父母一定要有信心引导孩子，更要有耐心陪伴孩子慢慢地长大。

熟悉和了解校园环境

刚刚升入一年级的时候，豆豆并不太喜欢校园，有一次还要求回

到幼儿园上学呢,弄得妈妈啼笑皆非。经过一个多月的适应期之后,豆豆突然特别喜欢去学校,每到周末的时候,他还会要求爸爸妈妈带他去学校里玩一玩。妈妈感到很纳闷:"豆豆,你怎么突然这么喜欢学校了呢?"豆豆狡黠地笑着:"你答应周末带我去学校玩,我就告诉你。"妈妈当即说:"没问题,不过我不知道学校是否开门,要是学校不让进,那可不怪我。"得到妈妈的许诺,豆豆这才神秘莫测地告诉妈妈:"妈妈,我喜欢学校,是因为学校的操场上有很多金黄的落叶,每一片叶子都像扇子一样,非常漂亮,走在上面就像踩着黄色的地毯沙沙作响,而且落叶下还有白果呢!我有五颗白果,我的同桌却有八颗,我要去找白果,我要有十颗,才能超过他。"听到豆豆的话,妈妈恍然大悟。原来,豆豆是爱上了金秋美丽的校园,才爱上了上学。

孩子的思维很简单,他们心思单纯,爱和恨同样纯粹。因为爱上了校园里银杏树的落叶,喜欢那金黄色的落叶地毯,也喜欢上了躲藏在落叶中的白果,所以豆豆才喜欢上学,也才会周末都想去学校。可以说,是银杏树激发了豆豆对学校的爱,妈妈理所当然要感谢这些银杏树,帮助豆豆顺利度过了幼升小的适应期。

环境对于孩子的成长而言是至关重要的。要想让孩子尽快地爱上校园,就要带着孩子发现校园的美。对于孩子而言,家是他们生活的重要环境之一,学校同样是他们生活的重要环境之一。很多父母意识到了家庭环境对孩子的重要影响,却没有意识到校园环境对孩子同样至关重要。在一天的时间里,除了睡觉,孩子在校园环境里的时间比在家庭环境中更长。

校园环境除了硬件之外,更包括很多软件。例如,学校里的人文环境、人际交往氛围等,对孩子都会产生影响。要想让孩子爱上校园、

爱上小学，父母就要引导孩子更加积极努力地融入校园环境，也发现身边的人和事物更多的美。只有发自内心地接纳和热爱校园环境，孩子才会更加喜欢小学生活。此外，良好的校园环境要靠每个人去努力维护和建设，所以父母也要引导孩子讲文明、懂礼貌、树新风，从而实现我为人人，人人为我，每个人都为了更好的校园环境而努力。众所周知，要培养孩子对于家庭的热爱，就要让孩子树立小主人翁的意识。同样的道理，要想培养孩子对于学校的热爱，就要帮助孩子树立成为学校小主人的观点和意识。如果孩子亲身参与校园建设，他们就会对校园有更加深厚的感情和更加热烈的态度。对于孩子而言，能够在自己喜欢的校园中成长，是何其幸运的事情。

需要注意的是，父母不要过于急迫地引导孩子去爱校园。很多父母在孩子开学之初，几乎每天放学，都会迫不及待地询问孩子对于学校的感觉、与同学们相处的情况。虽然这是父母在关心孩子，但孩子在父母急迫的追问之中，会感到焦虑不安。对于父母而言，更重要的是对刚入学的孩子进行心理疏导。只要能够打开孩子的心扉，走入孩子的内心，父母与孩子之间就会有更加顺畅的沟通，孩子在情绪出现异常的时候也才会向父母倾诉。了解孩子，是父母关心和照顾孩子的前提条件，也是父母首先要做好的。

当学校里组织各种各样的活动时，父母要鼓励孩子多多参加。很多父母不愿意让孩子参加学校里的活动，总觉得参加活动会耽误孩子学习，其实这样的想法是错误的。对于幼升小的孩子而言，此前他们一直在幼儿园里学习，因而节奏平缓、内容轻松。如今，他们摇身一变成为小学生，要面对艰巨的学习任务，也要适应紧张的学习节奏，无疑压力很大。父母要着重帮助孩子减轻学习上的压力，先培养孩子对学习的兴趣和对校园的热

爱，这样孩子才能尽快融入校园，成为校园的一分子、校园的小主人。引导孩子参加学校里各种丰富精彩的活动，让孩子在紧张忙碌的学习之余，感受到更多的乐趣，这对于孩子至关重要。所谓学习，不是一味地死学，父母对于孩子的成长不要过于紧张和急迫，而是要尊重孩子内心的节奏，让孩子踩着生命的节奏，从容地绽放。

和孩子一起制订学习目标和计划

孩子进入小学阶段，父母的心态也会跟着发生很大的改变。当孩子背起书包成为一年级小学生的那一刻，原本只希望孩子健康快乐的父母，对于孩子的期望增多了，他们希望孩子能够在学习上出类拔萃，也希望孩子能够以优异的成绩为父母增光，成为父母的骄傲。为此，父母的风向马上转变，当即要求孩子必须非常努力地学习，而且给孩子报名参加各种培训班、补习班，只为了让孩子不输在起跑线上。其实，这样的急于求成，对于孩子的成长并没有好处，反而会导致亲子关系紧张。

面对幼升小的孩子，父母首先要摆正心态，才能不骄不躁地面对孩子，才能给予孩子最好的对待。若父母心中慌乱，还如何能够气定神闲地对待孩子呢？教育不焦虑，才会与孩子有更好的相处；亲子关系良好，才会与孩子进行深度沟通，才能及时了解孩子的心理状态与情绪动向。

当然，不可否认的是，在如今的应试教育体制下，孩子的成绩的确是不容忽视的。那么，对于一年级孩子的父母来说，如何才能让孩子由玩耍成长的状态顺利过渡到努力学习的状态呢？其实，对于低年级的孩子，养成良好的学习习惯是关键。因而父母可以引导孩子确立学习目

标，然后在目标的指引下，与孩子一起制订学习计划。记住，父母关心孩子没有错，但是不要让对孩子的关心本末倒置。唯有让孩子心态健康且积极，让孩子在成长的过程中更加努力进取，孩子才会拥有内部驱动力，获得更加长久的发展，拥有持续的动力。

在确定学习目标的时候，父母首先要尊重孩子的意愿。很多父母误以为孩子还小，就认定孩子没有想法，殊不知，孩子虽然小，也会有理想，也知道自己想要获得什么。为此，在制订目标的时候，父母没有必要要求孩子把目标制订得远大，因为目标即使再远大，如果不能对孩子起到积极的促进作用，就会失去对孩子的指导意义。所以父母要以孩子的意愿为基础，再引导孩子制订合理的目标。其次，在目标的指引下，父母要帮助孩子制订学习计划。如果只有目标，而从来不指导孩子努力实现，那么目标就会变成空想。只有在目标指引下制订切实可行的计划，才有可能实现计划，才能有的放矢地奔向目标。

在制订计划的时候，还要注意计划的可行性，不要犯好高骛远的错误。很多父母恨不得孩子一口吃成个胖子，希望孩子在学习上有出类拔萃的表现和更大的成就，却忘记了孩子不是成人，孩子有自身的成长节奏，根本不可能完全按照父母的期望去做，更不可能一下子就变成出类拔萃的杰出者。这个世界上没有一蹴而就的成功，也没有天上掉馅饼的好事，每一个成功者在成功的光环背后，必然要付出更多的辛苦和努力。作为父母，我们更不要只看到成功者的光环，而忽略了成功者的付出。尤其是在对孩子的教育方面，更是要有耐心，等待孩子成长，也帮助孩子成功地实现蜕变。

最后，还要助力孩子养成良好的学习习惯。没有养成好习惯的孩子，在学习上东一榔头西一棒槌，总是非常被动，而且学习效果很差。

养成良好学习习惯的孩子，才能在学习中提升效率，事半功倍。通常情况下，刚刚上小学的孩子，在专注力方面有所欠缺，需要提升，为此父母可以通过讲故事、做游戏、亲子阅读等方式培养孩子的专注力，这样，孩子在学习中才能更加专心致志，从而获得良好的效果。总而言之，孩子的成长不是一蹴而就的，孩子的学习更不可能一步登天。心理学家经过研究证实，大多数人的天赋相差无几，之所以长大之后人生迥异，就是因为他们在成长过程中的发展不同。父母要做的，就是客观中肯地评价孩子，理性认知孩子，从而激发孩子的潜能，让孩子充满力量，在成长的道路上勇往直前，在学习上勇攀高峰。

帮助孩子发展兴趣

升入小学之后，思琪一直感到很不适应。如今，到了三年级，学习的内容难度增大，思琪觉得更是力不从心。每天放学之后，又有大量作业要做，所以思琪恨不得有隐身术，让老师和爸爸妈妈都找不到她。妈妈非常细心，在一次考试之后，发现思琪的考试成绩有很大波动，再结合平日里对思琪的观察，妈妈意识到思琪也许在学习状态上出现了问题。经过一番了解，果然思琪对妈妈说不想上学，妈妈感到非常担心。

妈妈和思琪讲了很多大道理，思琪虽然能听个半懂，却做不到。到底怎样才能调动思琪的积极性呢？妈妈绞尽脑汁，发现思琪非常擅长语文学科。为此，妈妈决定从语文学科的学习入手来调动思琪学习的积极性。三年级开始写作文，思琪在作文方面文采斐然，她写的作文总是能够被老师当成范文朗读。为此，妈妈为思琪选购了很多经典的作文选，让思琪发展写作能力。思琪的作文越写越好,她最喜欢上作文课,因为每到上作文课的时候,她就会成为老师重点表扬的对象,也会成为同学们羡慕的对象。看到时机成熟,妈妈对思琪说:"思琪,其实你在学习上有很大的优势。你看,你语文学得这么好,看应用题的题目一看就明白,一定会比其他人学得好。"思琪觉得妈妈说得很有道理,对学习越来越有信心,并渐入佳境,再也不提不想上学的事情了!

当孩子对学习表现出慵懒倦怠的样子,甚至充满浓重的厌学情绪时,父母往往心急如焚,有些性格急躁的父母还会因为按捺不住心中的怒气,劈头盖脸地数落孩子。不得不说,这对于孩子的成长而言并没有好处,非但不会激发起孩子对于学习的热情,还有可能导致孩子的叛逆心理,故意与父母对着干。作为明智的父母,当发现孩子对于学习提不起兴致的时候,我们一定要努力激发孩子对于学习的兴趣,想方设法引导孩子爱上学习,这才是一劳永逸的解决办法。

那么,父母如何做才会激发起孩子的兴趣呢?关键在于,父母要找准孩子的兴趣点。很多父母在给孩子报名参加兴趣班的时候,完全从自己的兴趣出发,或者完全是为了提升孩子的成绩,增加孩子竞争的资本,丝毫没有考虑到孩子真正的兴趣所在。为此,父母钱花了,孩子却很不乐意,或者在父母的逼迫下学习,或者与父母对着干,甚至和父母争吵。不得不说,之所以出现这样的情况,问题出在父母身上,而不是孩子身上。兴趣班,就应培养孩子的兴趣,所以父母要先尊重孩子的兴趣,其次要根据孩子的意愿给孩子报相应的兴趣班,这样孩子才愿意去学。如果父母总是强迫孩子必须怎么做,孩子的兴趣就会被扼杀在摇篮中。

正如人们常说的,兴趣是最好的老师。如今,社会上各种各样的培训班、兴趣班如同雨后春笋般涌现出来，很多父母也一掷千金，给孩子报名他们认为好的课程。有的父母要求孩子学习钢琴，却没有发现孩子缺乏音乐天赋；有的父母希望孩子学习英语，却没发现孩子根本对英语不感兴趣……这样的兴趣班，逼得孩子毫无兴趣，孩子如何能够获得成长呢？

本着对孩子负责的态度，父母一定要努力发掘孩子的兴趣点，坚持尊重孩子的原则，切勿盲目地强迫孩子上不喜欢的兴趣班，也不要对于孩子的意愿完全置之不顾。孩子的好奇心都是非常强烈的，他们在本能的驱使下，会对自己感兴趣的东西更加关注。只要父母用心、耐心、有心，就会发现孩子的兴趣所在。不仅在特长培养方面如此，在学习方面，也是同样的道理。如果孩子对于学习不感兴趣，也没有动力，父母可以观察孩子更擅长哪个学科，从而激励孩子学好该学科，起到以点带面的作用，这样对孩子的激励作用才会更加大，效果也立竿见影。

调整时间，适应小学作息规律

西西是个特别爱睡懒觉的孩子，在幼儿园阶段，每天早晨妈妈喊西西起床，西西都不愿意，直到日上三竿才起床。对于西西的慵懒，妈妈总觉得西西才上幼儿园，还小，所以也就任由西西睡懒觉，直到西西睡醒，妈妈才送她去幼儿园。

就这样，西西非常舒适惬意地度过了整个幼儿园阶段。转眼之间，西西从幼儿园大班毕业，该上小学了。一年级开学，西西因为爱睡懒觉，开学一个星期，西西没有一天是按时到校的，弄得老师对西西都有意见了。妈妈尽量为西西解释，老师却直截了当地对妈妈说："西西妈妈，孩子既然上了小学，就必须按照小学的作息时间来。我再给您和西西一周的适应时间，如果一周之后还是迟到，那么你们只能在教室外面等候，等到第一节课下课后的课间时间才能进教室，否则会影响其他孩子上课，对于其他孩子也是不公平的。"被老师批评后，妈妈对此非常重视。她好不容易帮助西西把作息时间调整过来，新的问题又发生了。

原来，西西没有时间观念，每次课间十分钟，西西出去上厕所，或者是在操场上玩，总是要等到上课铃响了，才会急急忙忙朝教室里跑去。有的时候，因为距离教室比较远，西西就会迟到。老师把这个问题反馈给妈妈，妈妈只好给西西买了一块手表，并教会西西如何看手表。这样，西西就可以提前进入教室，再也不会迟到了。

小学阶段的作息时间和幼儿园是截然不同的。在幼儿园，孩子迟到也没有太大关系，也不用担心耽误课程，相比起幼儿园，小学阶段的学习节奏非常快，如果孩子早晨迟到，不但会影响自己学习知识，也会影响整个班级的秩序。所以在小学阶段，迟到是不被允许的。要想让孩子顺利适应小学阶段的生活，必须调整好孩子的作息习惯，这样孩子才能早睡早起，保证一天的好精神。

在幼儿园里，孩子如果想去卫生间，只要和老师打个招呼就可以去，但是在小学阶段，孩子上课期间是不能随便去卫生间的。除非有特殊情况，才能得到老师的特别批准。这样，孩子首先要学会的就是全神贯注地坐四十分钟，这样才能听懂老师讲课，才能学好知识。所以父母除了要帮助孩子养成早睡早起的好习惯之外，还要培养孩子的专注力，让孩子能够在长时间内保持注意力集中，从而提升课堂听课的效率。

不得不说，从幼儿园升入小学，对于孩子来说是人生的转折阶段。

幼儿园以游戏为主的学习方式，在小学阶段也要进行调整。总而言之，孩子要想保证学习效果，就必须严格按照作息时间去执行，当然，为了帮助孩子提前适应，父母也可以提前为孩子订立规矩，并且当好孩子的榜样。

最让父母感到头疼的是，很多孩子都没有时间观念，所以才会出现上述事例中西西一样的情况。西西并不是故意要迟到，也不是偷奸耍滑，而是因为她不知道十分钟到底有多长。为了帮助孩子有明确的时间观念，父母从孩子上幼儿园时起，就应该以明确的时间与孩子交流。例如，告诉孩子你只能再玩一分钟，那么到了一分钟之后，就要当即喊孩子一起离开。需要注意的是，父母在培训孩子的时间观念时，不要肆意拖延时间，否则就会对孩子起到误导作用。举例而言，如果父母告诉孩子一分钟后吃饭，但是足足过去五分钟，孩子没到饭桌旁坐下，父母也没有喊孩子来吃饭，那么孩子就会误以为一分钟足足有五分钟那么长。可想而知，孩子的时间感有多么糟糕。为了更好地培养孩子的时间观念，父母还可以给孩子准备闹钟摆放在家中固定的地方。这样对于培养孩子的时间观念，是非常有好处的。

时间观念不仅对于孩子重要，对于成人也同样重要。因而，从小帮助孩子养成时间观念，对于孩子的成长只有好处，没有弊端。对于父母而言，在日常生活中也要有时间观念，这样才能给孩子树立榜样，对孩子起到言传身教的作用。有些父母本身就非常懒散，却要求孩子必须遵守时间，显然犯了只许州官放火，不许百姓点灯的错误。

当然，良好的时间观念不是短时间就能培养出来的。父母要为孩子适应小学阶段的生活预留出一定的缓冲时间，例如，在幼儿园大班的时候就开始培养孩子遵守时间，这对于孩子的成长至关重要。

与同学吵架怎么办

有一天放学回家,西西噘着小嘴巴,满脸不高兴。看到西西脏兮兮的小脸,还因为哭泣而脸上黑一道白一道的,妈妈心疼地问西西:"宝贝,你怎么了?"西西看了妈妈一眼,"哇"的一声大哭起来。妈妈赶紧把西西揽入怀里,并且用温热的毛巾给西西擦眼泪。得到妈妈的爱抚,西西才渐渐恢复平静。经过询问,妈妈才知道西西是因为和同桌吵架,才被气哭的。西西告诉妈妈:"同桌总是故意霸占我这边的桌子,挤得我写作业都没有地方了,字都写不好。"听到西西的倾诉,妈妈不由得火冒三丈:"你这个同桌是怎么回事,怎么这么调皮呢,简直是个调皮鬼。你别怕,妈妈明天和你一起去学校,看他还敢不敢欺负你!"

次日,妈妈果然和西西一起去了教室。这次,妈妈是有备而来的,她带了一支彩笔过来,在西西和同桌之间不偏不倚地画上了一道"三八线"。妈妈还一本正经地警告西西的同桌:"你这个调皮蛋以后不许欺负西西,你们谁都不要越过这条线,谁也不要碰谁。"西西的同桌和西西一样大,也是个孩子呢,看到西西妈妈这么声色俱厉的,同桌害怕地哭起来。其他同学赶紧把情况报告老师,老师来到教室,看到西西妈妈杵在两个孩子之间,感到有些生气,质问西西妈妈:"西西妈妈,您这是做什么呢?"西西妈妈有理声高,以大嗓门告诉老师:"老师,您来得正好。这个孩子总是欺负西西,昨天西西放学回家的时候,小脸哭得呀……"老师正色对西西妈妈说:"西西妈妈,孩子之间的问题让他们自己去解决,如果他们解决不了,我也会协助他们解决。我希望作为家长的您不要随意插手孩子之间的矛盾,有什么意见您告诉我即可。您这样来到教室里批评西西同桌,他也是个孩子,也会害怕,而且这件事情万一被他的父母知道，恐怕也不太好。"妈妈被老师说得很羞愧，脸上红一阵白一阵，她意识到自己作为父母的确不该跑到教室里教训别人家的孩子，为此赶紧离开了。

正如老师所说的，如果每一个家长在孩子和他人发生小小的矛盾之后，就到教室里教训别人家的孩子，那么别人家的父母作何感想呢？如果双方父母针锋相对，那么孩子之间的矛盾就会升级，甚至因为父母之间的敌意和对峙而导致无法继续当同学。因而父母要端正态度，意识到孩子之间发生矛盾是很正常的，父母也不要把孩子之间的争吵完全放在心上。父母一定要理性，也要以良好的涵养给孩子做好榜样，这样才能对孩子以身示范，教会孩子如何与他人相处，也让孩子变得更加宽容和善，未来才能拥有良好的人际关系。

孩子升入小学阶段，成为一年级的小学生，每天高高兴兴背着书包去学校，但是并不意味着孩子在学校里一整天都能高高兴兴的。在幼儿园之前，孩子每天主要和家人相处，被父母疼爱。在幼儿园阶段，虽然和其他小朋友一起生活与学习，但老师非常关注孩子们的相处，并且随时准备为孩子们调解矛盾。到了小学阶段，孩子们具备一定的自理能力，老师的主要任务是教育孩子学习，一般不会过度干涉孩子们的相处。每个孩子都是家庭的重心，得到家人无微不至的照顾和关注，尤其是许多独生子女，更容易养成唯我独尊的思想，所以在进入小学和同学们相处后，孩子之间很容易发生矛盾和争吵，甚至打架的情况也不罕见。当父母得知孩子被人打了，或者受到委屈，又该如何是好呢？

每个孩子都是父母的心头肉，父母当然不愿意自己家的孩子吃亏，但是父母也要认识到一点，那就是每个孩子都是独立的生命个体，在学校的环境中，他们只代表自己与同学相处，而不需要父母横加干涉。为了避免出现护犊子的行为，父母一定要端正思想和态度，而不要对孩子们的相处随意干涉。有些父母爱子心切，每当知道孩子在学校里与其他同学发生口角，甚至有推搡行为，他们马上给老师打电话询问情况，或者直接联系对方的父母解决问题。细心的父母会发现，进入小学阶段，老师虽然与孩子们朝夕相处，但是并不会轻易介入孩子的人际网。除非矛盾升级，否则老师是不会出手的。常言道，牙齿还会咬到舌头呢，更何况是孩子呢？父母的介入不但不利于解决问题，反而会让孩子之间的关系变得紧张和尴尬，也会导致孩子在人际相处中面临很大的困境和障碍。

父母还要认识到一点，小学阶段的孩子都非常敏感。也许因为一件不起眼的小事情，他们就会与同学发生矛盾和争吵，例如，一个孩子把另一个孩子的书本碰到地上了、一个孩子踩了另一个孩子的脚，这些不经意间发生的小事情，都会在孩子之间引发矛盾。在解决这些矛盾的过程中，孩子的人际相处能力也在不断增强，他们变得更加真诚，也学会以宽容之心对待他人。对于孩子而言，这是不可缺少的成长过程。父母不要因为心疼孩子，就总是想要替代孩子做很多事情。父母对孩子最好的爱，就是学会放手，根据孩子成长的节奏，陪伴孩子一起努力。父母还要认识到一个道理，那就是吃亏是福。父母要端正态度，不要因为孩子吃了一点点亏就马上火冒三丈，而是要教会孩子宽容。所谓严于律己，宽以待人，对孩子来说能学会宽容对待他人，也是对于生命的深刻感悟和领会。

总而言之，牙齿还会咬到舌头，更何况是那么多孩子在一起相处呢？父母一定不要对孩子在一起吵架的事情大惊小怪，只要父母摆正心态，将其作为孩子相处过程中的正常现象，也避免把紧张焦虑的情绪传递给孩子，孩子就不会把吵架当回事。有很多父母介入孩子的争吵之中，当父母之间彼此记仇的时候，却发现孩子早就忘记此前的不愉快，再次高兴地在一起玩耍。既然如此，父母又何必把问题变得复杂呢？不管对于父母还是孩子而言，心境坦然都是好福气。

第 3 章
专注课堂学习,帮助孩子提升注意力

孩子要想在学习上出类拔萃,就一定要专注课堂学习,在课堂上绝不错过老师的讲课内容,做到跟着老师的思路走,积极地与老师互动。如果孩子在课堂四十分钟不认真听讲,在课堂上总是落后,那么最终就会积重难返,导致学习成绩一落千丈,很难追赶上来。所以父母要有意识地培养孩子的专注力,从而卓有成效地提升孩子的学习效率,让孩子在学习方面有更好的收获。

遵守课堂纪律，养成良好的听课习惯

文文是个特别外向开朗的孩子，从小就很喜欢说话，也喜欢与人聊天。到了小学，成为一年级的小学生，文文还是保留着幼儿园时候的习惯，总是随便下位和前后座同学说话，而不懂得遵守课堂纪律。为此，老师几次三番批评文文，也要求文文必须遵守课堂纪律。

因为在课堂上总是讲话，文文的学习成绩也受到很大影响。有的孩子在和文文同桌之后，因为被文文带着讲话，也不遵守课堂纪律。得知文文爱说话的坏习惯之后，很多孩子的父母都不想让孩子和文文同桌。为此，老师无奈地通知文文妈妈："文文妈妈，希望你能关注下文文上课讲话的事情，想办法帮助文文改掉这个坏习惯。不然，不但影响文文的学习，而且会影响文文与其他同学的关系，现在都已经有父母提出不想让孩子和文文同桌了。"听了老师的话，虽然妈妈心生不悦，但是她也知道文文的确很爱讲话。为了帮助文文改掉这个坏习惯，妈妈决定想办法警示文文。然而，妈妈给文文讲了很多道理，文文就是充耳不闻，依然故我。

有一个周末，妈妈看到文文正在专心致志地看喜欢的动画片，突然灵机一动，当即大声和爸爸说话。才说了没几句，文文就提醒爸爸妈妈："爸爸，妈妈，你们能小声一点儿吗？我都听不到电视机的声音了。"爸爸妈妈当然不愿意，其实他们早就约定要说得文文不耐心发脾气为止。为此，他们依然大声喧哗。果然在提醒爸爸妈妈几次之后，文文再也忍不住喊道："爸爸妈妈，烦死啦，能不能不说了。"妈妈抓住这个机会教育文文："文文，你为什么不让我们说话？"文文委屈地说："你们说话，我都听不到电视机的声音了。"妈妈反问文文："电视机的声音这么大，你都听不到吗？"文文点点头。妈妈接着问："你觉得是电视机的声音大，还是老师讲课的声音大？"文文不知道妈妈的葫芦里卖的是什么药，一五一十地回答："当然是电视机的声音大，我们老师的声音特别小。"妈妈说："那么，如果你在课堂上说话，你觉得和你说话的同学，以及听到你说话的同学，还有你自己，还能听到老师讲什么吗？"文文似乎明白了妈妈的用意，羞愧地低下头，良久才说："我以后上课不说话了！"

在这个事例中，一味地教育并不能让文文意识到在课堂上讲话的危害，妈妈就故意趁着文文专心致志看电视的时候，大声讲话，让文文切实意识到在课堂上说话对其他同学的影响，从而改掉上课时爱说话的毛病。

在小学阶段，孩子的自制能力比较差，因而有相当一部分孩子都会出现在课堂上讲话的情况。虽然活泼好动是孩子的天性，但是在课堂上扰乱秩序，不但影响自己的学习，也会影响他人的学习，所以对于孩子的成长是没有好处的。所以，父母一定要引导孩子遵守课堂秩序，也帮助孩子建立规则意识。这样孩子才能够控制好自己，才能够管好自己的嘴巴。

课堂上讲话除了会扰乱课堂秩序之外，最重要的是会分散孩子的注意力，导致孩子的学习受到影响。在智力结构中，注意力占据非常重要的位置，如果孩子不能专心致志听讲，那么他们就无法充分利用课堂上四十分钟的学习时间。当然，专注力并非与生俱来的，父母要有意识地引导孩子，在孩子成长的过程中，利用各种方式帮助孩子培养专注力。记住，当孩子总是三心二意的时候，父母不要故意忽视孩子的行为，而应该对此引起足够的重视。当然，孩子的自制力毕竟有限，除了依靠孩子的自制力来约束孩子之外，父母还可以告诉孩子一旦违反课堂纪律，会引起怎样的后果，从而让孩子理性意识到小学阶段的学习和幼儿园阶段的学习是截然不同的。在小学低年级阶段，也是孩子形成各种意识、养成良好行为习惯的关键时期，所以父母要更加耐心地对待孩子，也要以恰当的方式引导孩子。

学会预习，提升学习效率

最近这段时间，西西的学习成绩波动很大，妈妈感到很担心。经过询问，妈妈才知道西西经常听不懂老师上课所讲的内容。为此，妈妈把西西在学习上的困惑和情况，与老师进行了沟通。老师听完妈妈的讲述，对妈妈说："西西这样的情况在班级里并不是个例，这是因为最近学习难度增大，而孩子们又没有养成预习的好习惯。您想想，对于没有预习的孩子而言，学习内容是全新的，他们此前从未接触和了解过，仅仅依靠在课堂上的四十分钟，孩子根本无法有效完成学习任务。在这种情况下，预习就显得至关重要。通过预习，孩子可以知道自己未来在学习新知识的时候会面临哪些困难，经过思考，他们也会带着疑问去听课，自然效率倍增。"

妈妈连连点头，她觉得老师说得很有道理。妈妈问老师："孩子

预习有什么好的方法吗？"老师说："预习习惯的养成需要长期的过程，因为预习相当于给孩子加了更多的作业，而且要求孩子主动去做，所以孩子首先要意识到预习的重要性，才能心甘情愿预习。其次，要让孩子在预习过程中学会思考，带着疑问去预习，才能有的放矢地解决问题。"后来，妈妈教会西西预习的方法，也花费很长时间陪着西西一起预习，帮助西西养成了预习的好习惯。从此之后，西西再也没有出现听不懂老师讲课的现象，学习成绩也稳步上升，学习的状态越来越好。

随着年级不断升高，学习内容的难度也越来越大，在这种情况下，如果孩子不懂得预习，就会导致在课堂上手忙脚乱，跟不上老师的节奏。其实，在孩子正式开始学校的系统学习时，父母就要帮助孩子养成良好的学习习惯，这样孩子在学习上才会更加得心应手，也才会效率更高。

预习，一则可以让孩子提前熟悉老师课堂上要讲解的内容；二则可以帮助孩子从众多的知识中找出他们不懂的、不理解的，这样他们就可以带着疑问听课，提升听课的效率。如果说在小学低年级阶段，孩子的学习难度较低，即使不预习，在课堂上也能应付过来，那么到了小学中高年级阶段，如果孩子不预习，在课堂上就会很被动，压根不知道如何才能效率更高地听讲。当孩子在听课过程中因为一个难点被难倒的时候，还会导致后面的听课受到影响。所以，父母要告诉孩子预习的重要性，也可以帮助孩子学会预习，这样孩子才会在学习上事半功倍，得到更多收获。

首先，要帮助孩子养成预习的好习惯。所谓预习，指的是在老师还没有讲解相关知识之前，就主动学习相关知识，从而知道自己学习的难点在哪里。要进行预习，也就意味着孩子在完成老师布置的作业之余，还要主动学习新知识。对于孩子而言，这当然是额外的任务，只有养成预习的习惯，孩子才愿意去做。其次，要教会孩子预习的方法。很多孩子固然从理性上知道预习很重要，但是在真正去预习的时候，他们只是走马观花，因为不知道如何进行预习，所以他们预习的效果很差。具体而言，预习首先要浏览相关的知识，如果遇到相对简单的难点，孩子也可以通过查阅工具书等方式来解决难题。接下来，是预习最关键的步骤，那就是在遇到无法解决的知识难点时，一定要进行深入思考。有些孩子预习的时候，一旦看到难点，就马上放弃，只是在心中做个标记，告诉自己某个知识点没有掌握，需要到课堂上解决。其实，如果孩子能够进一步思考，就可以把解决问题的进程向前推进，也可以做到带着思考和疑问去听老师讲课。这样，听课的效果自然大幅度提高。

孩子最初进行预习的时候，很有可能处于茫然的状态，根本不知道自己应该怎么做，更不知道如何才能实现预习的效果。父母可以带着孩子一起预习，在陪伴孩子预习的过程中，引导和启发孩子，也可以在预习之前就给孩子设置几个问题，让孩子带着问题去深度预习。渐渐地，当孩子养成了预习的好习惯，也掌握了预习的正确方法，甚至初步具备自学的能力，那么在未来学习的过程中，孩子一定会感到更加轻松，也会真正爱上学习，对学习充满自信。

认真听讲，才能保证听课效果

孩子都知道要认真听讲的道理，父母也常常提醒孩子要认真听讲。但是对于孩子来说，他们并不知道怎样做才叫认真听讲，为此他们只是喊着认真听讲的口号，继续迷迷糊糊地上课。

前文说过，课堂上的四十分钟至关重要，因为老师教孩子就是在这四十分钟里进行的。如果孩子错过了课堂上的四十分钟，把该学的知识点落下，又在课后的时候去补习，导致影响完成作业，则无形中就陷入了恶性循环：学习上混乱无序，身心俱疲。不得不说，孩子出现这样的状况，与父母有密不可分的关系。很多父母觉得小学阶段的知识非常简单，孩子哪怕错过了老师的讲课，课后也很容易补上来。这个观点看似有道理，实际上完全是错误的。首先，小学生缺乏自制力，如果他们在老师眼皮底下都不能做到认真听讲和学习，课后没有约束力，他们还会自主学习吗？其次，即使父母强求孩子学习、补习，也往往效果很差，这是因为他们已经在课堂上放纵了自己，对于学习就失去了端正的态度。最后，每个人都要牢记积重难返的道理。如果孩子经常在课堂上开小差，三心二意，错过老师讲解的内容，长此以往，他们在课堂上的缺口就会越来越大，以后他们再怎么努力，也无法把学习成绩提高。在整个学习的过程中，小学阶段的内容是相对简单的，但是对于小学生而言，学习好这些简单的知识同样需要全力以赴。所以父母不要觉得孩子听讲三心二意是一件小事情，关于学习，很多方面都有着千丝万缕的联系，如果父母放松对孩子的督促，任由孩子开小差，那么孩子未来学习上就很难进入状态。

我们在前文说过，孩子在学习方面要养成良好的习惯，未来才能按部就班地学习，才能把很多事情做好。从习惯的角度来说，孩子要想认真听讲，也要养成好习惯。首先，以上课铃为界限，要及时转换状态，从休息状态进入紧张听课的状态，调动起自己所有的积极性。很多孩子转换状态非常慢，也许上课已经五分钟了，他们还在惦记着此前下课时发生的事情，这样当然会导致他们三心二意，完全不知道老师在说什么。为了改变这样的情况,学校里才会设置预备铃,因而父母可以要求孩子在预备铃响起的时候就去教室里作好准备,这样才能给自己静心的时间,从而在上课铃响了之后,马上全心全意投入听讲。其次,认真听讲,都要听哪些内容呢?有的孩子只顾着听老师说了什么,而对于同学的发言不放在心上。有的时候,老师是通过让同学发言的方式来公布正确答案,也会通过同学错误的发言来给同学讲解哪些回答是错误的,所以除了要听老师的讲解之外,孩子还要留神倾听同学的发言。

当然,认真听讲不止这两个方面的内容。父母要提前培养孩子认真倾听的好习惯,也要引导孩子在课堂上全神贯注,始终保持专注力。此外,在日常生活中,父母要有意识地培养孩子的专注力,唯有专注的孩子,在学习方面才会有更好的表现;也唯有专注的孩子,才能牢牢抓住课堂上的四十分钟,让自己快速地吸纳知识,获得进步。

上课,要以老师的思路为主导

期中考试之后,学校要举行家长会。为了了解小龙在学校的表现,妈妈特意向单位请了两小时的假,提前一个多小时就到了学校。妈妈站在学校后门的位置,从高处的窗户往教室里面看去。看到小龙正在专心致志听讲,坐着一动也不动,妈妈感到很欣慰:这个孩子平日里调皮捣蛋,没想到听课还挺认真的。这个时候,老师叫小龙起来回答问题,小龙却如同没有听到老师的话一样,依然端坐在座位上。这个时候,同桌着急地推了小龙一下,小龙才如梦初醒,赶紧站起来。

老师问小龙:"小龙,回答老师刚才的问题。"小龙丈二和尚摸不着头脑,他根本不知道老师的问题是什么。在老师的再次催促下,前排的同学也忍不住提醒小龙:"老师刚刚提问的问题多么简单啊!"但是,小龙竟却问:"老师,你提问的问题是什么?"全班同学哄然大笑,妈妈在教室外急得直跺脚:这个孩子看着是在认真听讲,实际上心不知道飞到哪里去了!

下课后,小龙看到妈妈站在门口,赶紧跑到妈妈身边:"妈妈,你来开家长会这么早啊!"妈妈愤愤地说:"是啊,幸亏我来得早,才看到你们上课的情况。你到底在想什么啊,怎么连老师的提问都不知道?!"小龙羞愧地低下头:"妈妈,我没有想别的,我是在想老师提问的前一个问题,结果就没有听到老师后面讲什么。"妈妈看着小龙的样子又有些心疼:"小龙,课堂上可是一分钟都不能分心的。你看看你,老师都讲到下一道题目了,你还在想着前一道题目,结果可好,上一道题目没想明白,还把下一道题目错过了。在课堂上有不会做的题目,一定要先记录下来,然后赶紧跟着老师的思路往下走。等到下课之后,再找机会问老师,这样什么都不耽误,听课的效率还高,多好!"小龙觉得妈妈的话很有道理,连连点头。

妈妈说得很对,孩子在课堂上如果不能及时把心收回来,而总是纠结前面的问题,那么一定会导致后面的听讲受到影响。明智的孩子会把难懂的题目记录下来,等到课下再去问老师,这样既保证了听课的效率,也解决了问题,可谓一举数得。

在如今的课堂教学中,老师依然占据主导地位。通过备课,老师预先掌握课堂上要讲的内容,并且设计教学的思路,然后让孩子跟着老师的思路接受知识,进行思考,在这样井然有序的状态下,课堂效率才会大幅度提高。细心的父母会发现,那些能够以老师思路为主导的孩子,在学习上往往更加轻松，也能够获得好成绩。

遗憾的是，偏偏有很多孩子都喜欢开小差。他们或者沉浸在自己的思想世界里，对于老师讲解的内容漠不关心；或者对学习毫无兴趣，宁愿做与学习无关的事情，也不愿意专心致志听老师讲课。父母在发现孩子学习成绩不理想的时候，不要一味地抱怨老师教得不好，而是要从孩子身上找原因。只有鞭辟入里地找出孩子在学习上落后的原因，才能有的放矢地解决问题。

当然，孩子们在课堂上三心二意的原因多种多样，有可能是因为他们没有养成学习的好习惯；有可能是因为他们注意力集中的时间很短暂，只能在课堂前半段保持注意力，而到了后半段就会开小差。基于大多数孩子注意力集中的时间都有限，很多经验丰富的老师会特意把重要的新知识集中在前半节课去讲解，而在课堂后半段通过做习题等方式巩固所学的内容，以有效地吸引孩子的注意力。需要注意的是，还有的孩子不愿意认真听讲，是因为他们对于老师所讲述的内容不甚了解，学习上遇到了障碍。对于这样的孩子，父母应该想方设法给孩子补课，让孩子能够顺利听懂老师所讲的内容，也激发孩子对学习的兴趣。

具体来说，父母要如何改善孩子的听课情况，才能促进孩子学习呢？首先，要帮助孩子端正思想，让孩子意识到课堂四十分钟的重要性，也要告诉孩子一旦错过课堂四十分钟后果会很严重，从而以理性约束孩子。其次，父母要帮助孩子养成良好的学习习惯，让孩子玩的时候就高高兴兴地玩，学习的时候就专心致志地学习，这样孩子才能提升学习效率，减轻学习的疲惫。最后，父母还可以带着孩子憧憬未来，让孩子意识到努力学习之后会得到怎样的结果，从而激励孩子不断努力，坚持进步。在孩子取得小小的进步之后，父母还应该及时鼓励孩子，从而激发孩子对于学习的热情和动力,帮助孩子坚持学习,决不放弃。记住,这个世界上从未有一蹴而就的成功,孩子要想成才,就要积极进取。

总而言之,课堂听讲对于孩子的学习起到至关重要的作用,老师在课堂上的四十分钟里,会给孩子释放大量的信息。一旦孩子错过四十分钟的听课时间,再想弥补重要的学习内容,就会很难,也会因为没有把握住听讲的关键时刻而事倍功半。

积极回答问题,与老师互动

自从升入四年级之后,乐乐发现班级里的同学变得都不爱回答问题,有的时候,老师提出问题,下面一片沉默,很少有人举手。但是,乐乐很愿意回答问题,所以他没有跟风其他同学,而是积极地举手,与老师互动。为此,老师不止一次在课堂上表扬乐乐:"在我们班级里,像乐乐这样的同学再多几个就好了。"得到老师这样的赞赏,乐乐回答问题的积极性更高了。

有一天,乐乐和妈妈一起去姑姑家里玩。姑姑家里的弟弟才上幼儿园大班,为此乐乐拿出故事书讲故事给弟弟听。乐乐讲得口干舌燥,把故事讲得绘声绘色,弟弟却无动于衷,只顾着玩自己的游戏。故事讲完之后,乐乐还对弟弟提问:"是谁要杀害白雪公主呢?"弟弟头也不抬,似乎压根没听到乐乐提问。回家的路上,乐乐感触颇深地对妈妈说:"妈妈,我可算理解老师上课提问没人回答的感觉了,真是太郁闷了。"妈妈趁机引导乐乐:"所以啊,如果老师提问举手的人很少,你就要积极地回答问题,与老师互动。这样对于你的进步也是很有好处的。"乐乐毫不迟疑地点点头。

　　当老师的人都知道,年级越是升高,孩子们越是不喜欢回答问题。和低年级的孩子争先恐后地回答问题相比,高年级的孩子在老师提问的时候恨不得把自己藏起来,根本不想与老师互动,这是为什么呢?孩子不愿意回答问题的原因很多,诸如孩子本身就性格内向,比较害羞;或者担心自己回答错误招致同学们的嘲笑;或者是自信心不足,已经习惯于当隐形人。前文说过孩子在课堂上专心听讲的重要性,这里还要说说,孩子积极与老师互动,回答问题,也是有助于提升听课效率的。

　　在诸多孩子不愿意回答问题的情况中,有一种情况似乎比较棘手。那就是孩子不喜欢老师,甚至讨厌老师,对于老师有抵触情绪。引起这种情况的原因有很多,或者是老师误解了孩子、批评了孩子,或者是孩子认为老师对学生不公平等。总而言之,孩子的心敏感而又脆弱,很有可能因为各种原因而对老师心生抵触。在这种情况下,父母千万不要顺着孩子的话,指责老师不正确,也不要一味地批评孩子,导致孩子逆反,而是应该理性地分析问题出现的原因,这样才能对症下药,有效解开孩子的心结。

　　有些父母和孩子都存在一个误区,即觉得在课堂上老师是主角,孩子只需要跟着老师走,吸纳老师讲解的知识即可。其实不然。从本质上来说,孩子才是课堂上的主角,老师只是对孩子起到引导的作用。所以孩子要想肩负起课堂主角的重任,就要更加活跃,积极地提出问题、热情地回答问题,还可以向老师询问不懂的地方,与老师展开深入交流和讨论。这对于帮助孩子养成专心致志听讲的好习惯,是至关重要的,也可以有效避免孩子因为在课堂上百无聊赖而开小差。

记好笔记，便于课后复习

最近几次考试，乐乐的语文成绩都很一般。在低年级阶段，乐乐其实是很擅长语文学习的。为何到了中年级，很积极回答问题的乐乐，语文成绩反而出现波动呢？期中考试之后，学校召开家长会，妈妈准时参加。在家长会上，老师特别对乐乐积极回答问题提出表扬，妈妈不由得更纳闷乐乐的语文成绩。为此，在家长会结束后，妈妈特意找到老师询问乐乐的学习情况。

面对妈妈的困惑，老师认真想了想，才对妈妈说："乐乐妈妈，我发现乐乐很爱表现自己，很喜欢在课堂上回答问题，但是他不是很喜欢动笔。你可以看看他的语文书，上面所记的笔记很少。你也可以看看他同桌的语文书，一定是记得密密麻麻的。对于孩子学习来说，一是要提升课堂听讲的效率；二是要认真做好笔记，方便课后复习。如果只是课堂上听，却没有及时巩固，那么根据遗忘曲线，孩子学习的效果就不会很好。听讲、记笔记，就是课堂学习的两条途经。就像古人所说的，好记性不如烂笔头。我觉得如果能让孩子加强记笔记，学习成绩一定会有大幅度提升。"老师的一番话说得妈妈心服口服，妈妈当即表示回到家里就检查乐乐的笔记。果然，乐乐的语文书上空白很多，妈妈问乐乐："你怎么不记笔记呢？"乐乐骄傲地说："课堂上的很多东西我已经掌握了，就不用记笔记了。"妈妈当即考乐乐，乐乐这才发现自己早就已经把课堂上掌握很好的知识忘记了。在妈妈的教育下，乐乐认识到错误和不足，也当即向妈妈表态以后一定认真记笔记。

好记性不如烂笔头，对于孩子而言，哪怕课堂上紧跟老师的思路，把老师讲解的知识点都记在心中，也依然要记笔记。艾宾浩斯遗忘曲线告诉我们，在学习新知识之后，一段时间之内大部分就会被遗忘。所以孩子在课堂认真听讲之余，还要把笔记记好，这样在课后才可以利用笔记认真复习、及时巩固，也收获更多。

记笔记，有人主张要单独准备一个本子，也有人主张可以记在书上的空白处。其实，如果能够合理安排好书上空白的地方，把笔记记得条分缕析，那么当然是记在书上更好。有的孩子担心把书写得很乱，其实书不就是拿来用的吗？如果一个学期的课程结束，孩子的书还是崭新崭新的，那么这个孩子的学习一定不会很好。所以不要心疼书，父母也不要要求孩子必须把笔记记在单独的本子上。一切都要以方便孩子学习为准则，否则只保持书本的干净又有什么意义呢？

记笔记的时候，孩子还要注意的是，不要为了记笔记，而忽略听讲。记笔记一定要快，还要"一心三用"，即让耳朵听老师讲课，让眼睛随着老师的粉笔移动，还要手下不停，迅速记好笔记。总而言之，学习从来不是简单轻松的事情，孩子只有养成良好的学习习惯，也只有在成长过程中不断地努力进取，才能有所收获。

多多提问，学习不是填鸭

这次月考，多多的成绩很不理想。妈妈拿到试卷之后，就开始和多多分析试卷。在数学试卷上，有一道分值很高的题目多多做错了，妈妈疑惑地问多多："多多，这道题目在这里出现，难道你没有学过吗？"多多低着头，说："学过。"妈妈又问："学过，你为何还是做错了呢？"多多小声回答："上次老师讲这道题目的时候，我没有听懂。"

妈妈不由得着急起来："这么说，你一直知道自己这道题目不会。老师难道讲完之后，没有问问还有没有同学不懂的地方吗？"多多很长时间都没说话，在妈妈的追问下，她才说："老师问了。"妈妈问："那你怎么不趁热打铁问老师呢？"多多说："我不敢。我看到其他同学都没有举手，好像全班就我一个人不懂，我就不敢举手。"

听了多多的回答，妈妈不由得啼笑皆非："那么，这次考试，你们班除了你之外，其他同学把这道题目都做对了吗？"多多摇摇头："有十七八个同学都错了。"妈妈语重心长地教育多多："多多，学习上一定要主动，要有主见。你看看，如果当时你举手提问，老师再讲一遍这道题目，说不定这十七八个同学之中，还能有十个人把题目做对。学习可掺不得假，任何时候，会就是会，不会就是不会，这有什么丢人的呢？如果你问老师，老师还会认为你很认真、很努力，对你刮目相看呢！"多多认识到自己的错误，也知道妈妈说得很对，因而重重地点点头："妈妈，我下次一定主动提问。"

在课堂教学中，经常会发生事例中的情况，孩子因为不敢提问，导致明明有机会掌握的题目一错再错，直至影响考试成绩。妈妈说得很对，不懂装懂要不得。实际上，孩子在对待学习时应该保持积极主动的态度，这样才能及时分析自身的情况，也客观认知自我，理性促进自我的成长。

有的人误以为学习是填鸭，怀有这样误解的人既有老师，也有父母，还有孩子，这就直接导致填鸭式教学，使孩子被动地接受老师所教授的知识，丝毫没有自己的主见。不得不说，这样的学习状态是非常糟糕的，也会给孩子带来极大的困扰，甚至会给孩子的学习带来阻碍。课堂气氛总是死气沉沉，与这样的误解有不可分割的关系。父母要从小就培养孩子勤于提问的好习惯。在孩子小的时候，他们往往对于外部世界充满好奇，也会向爸爸妈妈提问。有的时候，爸爸妈妈因为忙于工作，或者忙着做家务，抑或缺乏耐心，就对孩子敷衍了事，甚至呵斥孩子不要七问八问。不得不说，孩子提问正是好奇心和求知欲的表现，如果父母对于孩子的成长采取封闭的态度，渐渐地孩子就会失去求知欲，也会沉默寡言不愿意提问。

被扼杀了好奇心和求知欲的孩子自然不愿意继续提问，甚至对于老师课堂上提出的问题，也懒得回答。不得不说，这样的孩子在学习过程中与老师缺乏互动，学习效果往往很差。伟大的教育学家陶行知就主张孩子一定要勤于提问，善于提问。然而，孩子渐渐长大，生怕自己提出的问题没有科学性，也不合理，又担心自己会招致他人的嘲笑，所以总是沉默，以沉默来掩饰自己的无知，也以沉默来埋葬自己的困惑。不得不说，这是自欺欺人的做法。

不管是在课堂上，还是在课后，每个孩子都有提问的权利。不管是老师所讲述的内容没有听懂，还是心中的疑惑没有解开，孩子都可以向老师求助。对于学习和成长而言，不知道、不懂都没有关系，最可怕的是不懂装懂，这会导致问题被忽略，也会使得课堂效率大大降低。所以大多数刻苦钻研的孩子都是勤学好问的。所以，父母在孩子小的时候就要保护好孩子好奇、好问的特点，不要随意打压孩子，也不要总是对孩子不耐烦。当父母有效地保护孩子提问的热情，帮助孩子养成提问的好习惯，即使长大了，孩子也会觉得提问理所当然，任何时候都会做到勇敢地提问，为自己答疑解惑。

第4章

提高孩子情商，自信乐观的孩子更善交际

如今，情商越来越受重视。对于孩子的成长而言，高智商固然是好成绩的保证，但是高情商的孩子，才能更加乐观自信，在面对人生的诸多坎坷挫折时，才能激发自身的力量，从而让自己在人际交往中如鱼得水。现代社会，人际关系已经成为重要的人脉资源，孩子能否与人和谐相处，甚至关系到孩子的前途，所以父母要努力提升孩子的情商，让孩子建立良好的人际关系，拥有更加丰富的人脉资源。

情商对于孩子的成长很重要

一直以来，每当提及孩子的教育问题，父母的第一反应就是要开发孩子的智力，因为智力高的孩子更加聪明伶俐，在学习方面的表现会更好。后来，美国的一位心理学家提出了情商的概念，甚至把情商放到比智商更加重要的地位。于是，人们渐渐地认识情商、重视情商，也有人提出孩子之所以成为问题儿童，不是因为他们的智商太低，而是因为他们的情商发展堪忧。情商居然有如此神奇的作用，居然能够对于孩子的成长产生如此重大的影响，这是让很多人感到匪夷所思的。那么，情商到底是什么？

所谓情商，是一种综合品质，包括人的情绪情感、意志力、自控力，以及承受挫折和打击的能力等。从心理学的角度进行分析，情商高的人，能够了解、控制自己的情绪，并且因此控制自己的行为，也具备了解他人情绪的能力，并且在自知与知道他人的基础上，与他人友好相处。实际上，情商只有小部分取决于先天，而更多地取决于后天的成长和发展。所以孩子情商低也没有关系，只要在陪伴孩子成长的过程中，对孩子多多引导，这样就能有效地提升孩子的情商。尤其是随着孩子渐渐长大，父母更要给孩子机会去练习，从而切实有效地提升孩子的情商。

心理学家经过研究证实，小小的婴儿就已经具备了情绪感知能力，尤其是对于身边关系非常亲密的亲人，孩子更是有敏感的觉察能力。对于孩子而言，他们表现出的情商能力之一，就是感受他人的情绪。所以父母不要觉得孩子小，就对孩子不以为然，觉得孩子不具备情绪感知能力，其实这完全是错误的。父母要有的放矢地对孩子开展情商教育，也要充分挖掘孩子的情商。唯有把父母的努力与孩子的先天因素相结合，孩子将来才会驾驭情商，拥有更高的情商。

前文说过，情商是一种综合品质，由此可见，良好的情商教育，能够培养孩子优秀的品质，也可以让孩子的性格变得更加乐观开朗，从而激励孩子成长。心理学家在对特定实验对象展开跟踪调查之后发现，那些情商高的孩子在生活中与人相处时，会有更好的表现。即使在婚姻生活中，他们也可以与配偶更好地相处，从而与配偶建立良好的婚姻关系。

一个人要想有高情商，前提是要善于体察自己的情绪。他们对于情绪非常敏感，很快就会知道自己的情绪因何而生，也会知道如何控制情绪，发挥情绪积极的作用。所以对于父母而言，在陪伴孩子度过小学六年的时间里，除了关注孩子的基本生理需求、督促孩子学习之外，也要更加注重对孩子的情商培养。

从心理学的角度来说，小学阶段的孩子容易情绪冲动，而且缺乏自控力。父母一定要多多引导孩子，也要让孩子学会管理和控制自己的情绪。具体而言，首先要让孩子明白情绪是什么，也要让孩子学会感知自己的情绪，这样孩子才能控制好情绪。其次，要让孩子学会站在他人的角度思考问题，这样孩子才能设身处地地为他人着想，与他人产生共情。共情，是人与人之间和谐相处的基础，唯有拥有共情的体验，孩子才能体谅他人的情绪和感受，也尽量照顾他人的情绪感受。

除此之外，父母还应该引导孩子管理好自己的负面情绪。如今，有负面情绪的孩子越来越多，他们在父母无微不至的爱与照顾中，渐渐地误以为自己是世界的中心,因而对于他人往往采取忽略的态度。随着不断地成长,孩子进入校园,走向社会,不得不和更多的人相处,他们唯我独尊的观念使他们常常和他人发生冲突。在这样的人际冲突中,孩子常常感到委屈,有的时候不小心受到伤害,他们也会情绪爆发。对此,父母不要害怕孩子吃亏,也不要觉得孩子只有占便宜才行。孩子与孩子相处,本来就没有吃亏占便宜这一说,父母要教会孩子宽容,也要告诉孩子吃亏是福的道理。总而言之,父母千万不要教会孩子睚眦必报,否则就会囚禁孩子的心灵,让孩子陷入痛苦之中无法自拔。对于那些喜欢欺负别人的孩子,父母要引导他们了解他人的情绪,这样,孩子才能有效平复自身的情绪,才能明白做人做事的道理。

总而言之,这个世界从来不是非黑即白的,任何事都有两面性,而不可能绝对化。父母要理解孩子,也要尊重孩子,唯有在爱与自由的环境中成长的孩子,才会内心充满爱与友善,也才会在人际交往中有更好的表现。

让孩子落落大方,不卑不亢

在幼儿园阶段,孩子往往不知道害羞,他们非常大方且乐于表现自己,在与人相处的过程中,也不会把自己完全束缚和禁锢起来。但是随着不断地成长,孩子的性格特点得以凸显,他们的性格特质会更明显地表现出来,他们或者外向开朗、活泼可爱,或者内向沉默、自我封闭。对于父母来说,他们都希望自家孩子的性格非常阳光开朗,也希望孩子落落大方、不卑不亢,这样才能从容面对人际关系,才能有更好的表现。殊不知，对于孩子的成长而言，性格塑造是很难的，父母必须对孩子投入更多的爱与关注，更要从有利于孩子成长的角度出发，引导孩子，不断地纠正孩子的偏差，最终孩子才能身心健康。

通常情况下，孩子之所以害羞，有很多原因。有的孩子从出生就经常接触家里人，而与家人之外的人少有交往，为此他们的主观能动性没有得到良好的发展。在此过程中，如果父母对孩子过于苛求，总是批评和否定孩子，那么孩子就会更加内向自卑。对于这样的孩子，父母一定要多多认可和鼓励，以赞赏孩子为主，才能帮助孩子建立自信，才能有效消除孩子的害羞心理。需要注意的是，因为缺乏社会交往而害羞胆怯的孩子，他们在家里的表现一切如常，因为他们熟悉家里的环境和人，所以内心拥有安全感，感到非常放松和自信。但是一旦与陌生人在一起，哪怕只是与陌生的孩子在一起，他们也会变得紧张起来，内心很焦虑。在分析孩子害羞的原因之后，父母才能有的放矢地锻炼孩子，使孩子不再害羞胆怯。例如，当家里来客人的时候，让孩子充当小主人介绍客人，在客人到来和离开的时候，都要把孩子从房间里叫出来，让孩子对客人迎来送往。在日常生活中，父母也可以有意识地带孩子到人多的公众场合，给予孩子更多的机会锻炼。例如在，超市里购物时，给孩子钱，让孩子独自去结账。当亲戚朋友办喜宴的时候，带孩子一起参加，让孩子见识更多的人。渐渐地，孩子因为缺乏社交而导致的恐惧状态就会有所好转。

有些父母在孩子小的时候，根本不懂得如何教育孩子，总是压抑孩子的天性。在这样的长期压抑之中，孩子一定会感到非常苦闷。那些对父母的强制要求逆来顺受的孩子，渐渐地就会变得胆小畏缩。他们一直得到父母的批评和否定，因此很怀疑自己的能力，内心深处有深刻的自卑，为此他们不管做什么事情都提不起信心，也常常觉得自己一无是处。对此，父母一定要及时意识到问题的所在，反思教育的方式方法，才能抓紧时间改变孩子。

在孩子的成长过程中，很多父母都跟不上孩子的步伐。他们已经习惯了照顾襁褓中的婴儿，即使孩子不断成长，他们依然觉得孩子很小，也认为自己必须无微不至地照顾孩子。这样的滞后性，让父母对孩子的成长无知无觉，所以他们什么都不放心让孩子去做，有的孩子已经上幼儿园大班了，还不能自理。在这种情况下，父母一则要对孩子放手，锻炼孩子的能力，另外，要改变对孩子的态度，绝不要再肆无忌惮地批评和否定孩子，而是要尊重孩子，发自内心地平等对待孩子，也要相信孩子的能力，给予孩子信任和力量。

父母在羡慕别人家的孩子独立自强、坚定勇敢的时候，不要一味地从孩子身上寻找原因。而是要意识到，每一个优秀孩子的背后，一定有着聪明睿智、默默付出的父母。正如人们常说的，父母是孩子的第一任老师，孩子是父母的镜子。当孩子出现问题的时候，父母一定要先反思自身，从自身角度出发分析问题，查找问题的根源所在，这样才能有的放矢地激发孩子的潜能和动力，也让孩子快乐、自信地成长。

让孩子独立解决社交问题

对于正在读小学阶段的孩子而言，他们的人际交往模式和幼儿园阶段，以及进入幼儿园之前的阶段截然不同。进入幼儿园之前，孩子主要和家人相处。不管是父母，还是爷爷奶奶、姥姥姥爷，总是把孩子视为命根子、眼珠子，对于孩子有求必应。渐渐地，孩子成为家里的小霸王，不管做什么事情都从自身角度出发，从来不会考虑他人的需求。然而，在走出家门，步入幼儿园之后，孩子不得不和小朋友们相处，也认识到自己并不是整个宇宙的中心。可以说，大多数孩子都是在进入幼儿园之后，才学会与同龄人相处的。

在进入小学之后，孩子面对的社交问题显然更加复杂。如果说孩子在幼儿园里依然可以得到老师无微不至的照顾和关爱，那么进入小学阶段，老师的主要任务就是教授孩子知识，而不会把太多的时间和精力用于帮助孩子解决矛盾。这也就意味着，即使是一年级的新生，也必须学会和同学相处，当在相处过程中出现矛盾的时候，还要学会独立解决社交问题。很多父母为此而忧心忡忡，却忽略了孩子作为独立的生命个体，总有一天要离开家，脱离父母的保护和照顾，独自面对人生。因而有人说，溺爱是父母对孩子最大的伤害，学会放手，才是父母对孩子真正负责任的做法。

通常情况下，小学生的思维都是非常简单直接的，为此他们处理人际矛盾的手段也非常直白。当然，小学生面对的人际关系不仅是与同学以及老师之间，随着生活半径的不断扩大、人际范围的拓宽，孩子的社会行为也会不断成熟。需要注意的是，在孩子与同伴发生矛盾的时候，父母一定不要以过于强硬的态度介入。很多父母总是害怕孩子在人际关系中吃亏，因而常常会随便介入孩子的社会交往，也会对孩子的社交行为指手画脚。父母要认识到，孩子对于社交的评价标准与成人并不相同。这就像成人习惯于以金钱来衡量一件东西的价值，而孩子在判断某件东西的价值时，并不会以金钱去衡量，常常以自己对于这件东西的喜爱作为评价标准。正因为如此，很多孩子才会拿着父母刚买的新玩具，和同学交换一个不值钱的小东西，还将其视若珍宝。父母要理解孩子的思维模式，也要更加尊重孩子的选择。

在社会交往中，父母也不要以成人的标准判断孩子的矛盾，当孩子可以独立解决矛盾的时候，父母要以置身事外的态度对待孩子，给予孩子独立作出决定和选择的空间。有些父母爱子心切，一旦认为孩子吃亏上当，就会马上为孩子冲锋陷阵。殊不知，孩子打架是不记仇的，也许前一刻他们还彼此争吵、动手动脚的，但是后一刻，他们之间的不愉快就会烟消云散，又高高兴兴玩到一起去，成了最好的朋友。所以面对孩子之间的人际矛盾，父母要置身事外，在非必要情况下避免介入，而在必须介入的情况下，要私底下给孩子做思想工作，引导孩子以正确的方式解决问题，从而把矛盾由大化小，由小化了。

对于孩子而言，解决与同伴之间的矛盾和纷争，是他们成长的必经阶段。父母在引导孩子的过程中要坚持一个原则，那就是让孩子在解决问题的过程中获得成长，让孩子用一颗宽容的心去理解和体谅同伴。常言道，退一步海阔天空，父母一定不要让孩子睚眦必报，否则孩子未来的人生之路就会越走越窄。吃亏是福，当孩子坦然接受吃亏的现状，也能够在一次次经验和教训中学会与人相处，他们也会不断地成长和成熟起来，拥有更加充实精彩的人生。

当父母抑制不住内心的冲动想要帮助孩子解决人际纷争的时候，不如提醒自己：父母再爱孩子，也不可能始终庇护和陪伴在孩子的身边，只有尽早放手，让孩子学会面对人生中的很多不如意，甚至是坎坷磨难，孩子才能真正成为人生的主宰，才能尽情地释放自己的人生能量。

远离嫉妒，孩子才能更快乐

有一天放学回家，悦悦显得非常不高兴。妈妈看着悦悦反常的样子，非常纳闷，问悦悦："悦悦，你怎么了？"悦悦一声不吭，把试卷塞给妈妈，就回自己的房间了。妈妈看到试卷上赫然写着"96分"，妈妈不由得笑起来：成绩不错，为何还生气呢？

妈妈拿着试卷来到悦悦的房间，问悦悦："考得不错啊，为何还不高兴呢？"悦悦说："本来考96分我也的确挺高兴的，但是你不知道，坐在我后排的那个女生，平日里学习很不好，这次居然考了98分。我都怀疑她是不是考试的时候偷看了我的试卷，照着我抄写的呢！"听到悦悦的话里充满了愤愤不平，妈妈开导悦悦："悦悦，你们都还小，学习成绩一定会有变动的。说不定那个女生最近非常努力，或者父母在外面给她报名参加补习班，给她开小灶了呢！这都是很正常的。"听了妈妈的话，悦悦依然愤愤不平："她平时学习比我差远了，这次居然比我考得好，简直让人惊讶。"妈妈引导悦悦："每个孩子都有优点也有缺点，你现在羡慕她，说不定她平时还很羡慕你呢！"悦悦骄傲地说："当然，我觉得我是她的标杆。"妈妈趁机引导悦悦："嗯嗯，悦悦是非常优秀的，和同学之间一定要搞好关系，相互促进，努力进步。例如，这次你考试比她低两分，你就要更努力，下次考得比她好。那么她也很着急，更加努力，说不定考得又比你好。正是在这样你追我赶的过程中，你们才会相互促进，相互成就。"

小学生很容易产生嫉妒情绪，尤其是女孩，小学阶段的女孩心理发育得比男孩成熟，所以嫉妒情绪也就非常明显地表达出来。实际上，正如妈妈所说的，小学生还小，学习成绩出现波动很正常，没有人能保证自己每次都考第一名。同样的道理，学习成绩相对落后的孩子，只要努力，也能取得进步。因而当孩子出现嫉妒情绪的时候，父母应该正确引导孩子，让孩子知道人外有人、山外有山，而不要借此机会激发孩子对同学的敌意，否则就会导致孩子与同学之间的相处出现问题。

常言道，多个朋友多条路，多个敌人多堵墙。从另一个角度来说，友谊第一，比赛第二。虽然同学之间在学习上存在你追我赶的竞争关系，但是这样的竞争应该是良性的，不能影响同学们之间的友谊。父母要引导孩子友好竞争，也要教会孩子摆正心态，在他人的激励下不断地努力进取。

需要注意的是，在帮助孩子消化嫉妒情绪的时候，父母要接纳孩子的情绪。很多父母一旦看到孩子出现负面情绪，马上就会否定和批评孩子，甚至以更加激烈的情绪对待孩子。父母要记住，孩子还小，有一些负面情绪是正常的，父母只有以平静的情绪面对孩子，才能有效地安抚孩子。

每个人都有嫉妒心理，对于孩子来说，产生嫉妒情绪完全正常，父母既不应指责孩子的嫉妒情绪，也不要对孩子的嫉妒情绪完全不放在心上。只有把握好合适的度，有的放矢地引导孩子宣泄负面情绪，帮助孩子正确处理嫉妒情绪，才能让孩子消除嫉妒，从而以合理的方式与同学展开竞争，也在与同学你追我赶的过程中相互促进，共同进步。

当然，凡事皆有度，过度犹不及，嫉妒情绪也是如此。适度的嫉妒情绪能够激发孩子的力量，让孩子在进步的过程中拥有更大的动力，也因为不服输而努力进取。但是一旦嫉妒的情绪过度甚至扭曲，就会影响孩子的心理健康，也会导致孩子深受嫉妒情绪的毒害。有人说，嫉妒是人心中的毒瘤，会使人发狂，其实很有道理。所以父母还是要慎重对待孩子的嫉妒情绪，从而及时帮助孩子消除嫉妒情绪，引导孩子与同学展开合理的竞争。

帮助孩子认知自我，提升自信

没有任何孩子，在成长过程中会是一帆风顺的，为此，很多孩子在遭遇挫折和坎坷的时候，难免会因为无法客观公正地认知自我，而缺乏自信。尤其是在小学阶段，孩子的内心更加敏感脆弱，而且情绪也更容易冲动。所以父母一定要引导孩子正确认知自我、提升自信，这样孩子才能从容面对成长，才能更好地度过人生中的艰难时刻。

事实证明，孩子之所以在成长过程中陷入各种各样的困境，就是因为他们缺乏对于自我的客观认知，也常常因为自信不足而陷入困顿自卑的状态。那么，到底是什么让孩子无法认知自己，并且因为人生中的很多负面情绪而导致内心忐忑不安呢？实际上，父母的态度至关重要。很多父母对于孩子不能做到客观评价，常常因为孩子没有达到他们的预期，而对孩子肆意否定和批评。殊不知，在孩子心目中，父母的评价至关重要。因为孩子还小，缺乏自我评价能力，心理发育也不够成熟，所以他们常常无法正确评价自己。在这种情况下，他们会采取拿来主义，把父母对于他们的评价据为己有。可想而知，如果父母对孩子的评价不正确，无形中就会误导孩子，导致孩子自我认知过低，也使得孩子的自信心受到打击。因而在评价孩子的时候，父母一定要谨慎，只有以客观的态度中肯地评价孩子，才能帮助孩子认知自我，才能帮助孩子提升自信心，让孩子在成长中充满力量。

还有些父母动辄批评和否定孩子,这样的做法对孩子自信心的打击是非常严重的。为此,要想提高孩子对于自我的认同,父母首先要端正对待孩子的态度,要意识到孩子的成长是漫长的过程,没有孩子能在成长过程中一蹴而就。所以父母要及时引导孩子,疏导孩子的情绪,让孩子渐渐地摆脱自卑心理。有的时候,父母因为不信任孩子,还会不由分说为孩子代劳很多事情,也总是对孩子加以限制和禁锢。不得不说,这对于孩子的成长是绝对没有好处的。孩子的成长不可能一步到位,父母要做的是引导孩子激发自身的潜能,变得越来越乐观开朗。也许孩子一开始做得不够好,没关系,只要孩子踩着错误的阶梯不断前进,就能做得越来越好。最重要的在于,父母要给孩子锻炼和提升的机会,孩子才能在一次又一次的尝试中得到提升,才能由此而找到自信。

在小学阶段,孩子处于性格培养的关键时期,所以父母要端正对待孩子的态度,真正做到接纳孩子、悦纳孩子。一方面,父母要与孩子进行深入坦诚的沟通,才能走入孩子的内心,了解孩子的所思所想,也成功地经营好亲子感情。另一方面,父母还要多多认可和激励孩子,让孩子变得更加积极乐观、充满自信,唯有如此孩子才能坦然面对成长过程中的坎坷经历。

正如一位名人所说的,这个世界并不缺少美,缺少的只是发现美的眼睛。同样的道理,孩子身上并不缺少优点,只是父母缺少了发现孩子优点的眼睛。所以,父母千万不要总是否定孩子,更不要把孩子看得一无是处。要知道,每个孩子都既有优点,也有缺点,父母要摆正心态,公正地评价孩子,以辩证唯物主义的眼光看待孩子,知道孩子身上既有优点,也有缺点,绝不是完美的,更不是没有可取之处的。

很多父母都曾听说过一句话,即好孩子都是夸出来的。这句话很有道理。若父母总是以命令的口吻苛责孩子，常常会激发孩子的逆反心理。当父母能够认可和赞赏孩子，孩子就会努力提升自我，让自己达到父母所赞许的水平。所以说好孩子的确都是夸出来的，所以，即使孩子被全世界的鄙视，父母也要坚定不移地赞美孩子，给予孩子努力奋进的顽强信念。尤其是在小学阶段，孩子对于父母的话非常重视，也常常把父母的评价作为自我评价，父母就更要通过慷慨的赞美帮助孩子树立自信心，也给予孩子前进的力量和勇气。

细心的父母会发现，如果父母经常认可和赞赏孩子，孩子对于自身的要求就会越来越高，他们会努力表现自己，让自己达到父母所预期的高度，也会自主地激发潜能，让自己坚持进取，越来越优秀和杰出。既然认可和赞赏孩子的教育效果这么好，父母就要更加慷慨地赞赏孩子。有的时候，为了让赞赏的效果更好，父母还应该经常当着别人的面夸赞孩子，这样，孩子会更加感受到父母对于自己的认可，也会因为得到了这份人前的荣耀，而对父母心生感激。每当这时，他们还会有更加强大的信心，也会在面对陌生客人的时候，表现出落落大方和不卑不亢。总而言之，父母的认可和赞赏对于孩子很重要，要想激发孩子的自我认知、提升孩子的自信，父母就要多多赞赏孩子，始终牢记"好孩子都是夸出来的"这个道理。

让孩子感受成功，信心倍增

米粒是个非常自卑的孩子，尤其是在升入小学中年级之后，因为学习成绩不是非常优秀，米粒常常否定自己。为此，妈妈很着急，妈妈很清楚对于孩子而言自信意味着什么。

有一次，学校组织征文比赛，妈妈决定助力米粒，让米粒获得成功，也帮助米粒获得自信。妈妈是位编辑，对于文学非常擅长，为此鼓励米粒参加征文比赛，看到米粒完成的作文，妈妈对米粒说："米粒，妈妈帮你审稿，改正一些错误，好不好？"米粒当然求之不得，当即点头同意。妈妈改得非常用心，大到文章的结构，小到标点符号，妈妈都帮助米粒改正。果然，在妈妈的指导下，米粒也对文章进行了多次修改，使得文章非常完美。毫无悬念，在这次征文比赛中，米粒获得了小小的成功。米粒高兴极了，在得知这个消息的第一时间，就告诉了妈妈。妈妈在电话里恭喜米粒，也趁机引导米粒："米粒，你是非常优秀的，拥有强大的能量。你一定要相信自己，这样才能最大限度激发自身的潜能，让自己变得无往不胜。当然，妈妈也会始终在你身后，支持你、帮助你，做你最坚强的后盾。"这件事情之后，米粒变得越来越有信心，课堂上回答问题的次数增加，而且学习成绩也有了很大的提高。

从米粒的转变上，我们不难看出，自信心对于孩子有多么重要。所以，父母一定要激发孩子的自信，让孩子从小小的成功中获得成长的力量，这样孩子才能越来越相信自己，才能砥砺前行。

很多父母在为孩子制订目标的时候，都把目标制订得很远大，似乎孩子这一生只需要为这个目标去努力即可。实际上，对于过于远大的目标，孩子无法感受到激励，这是因为目标实在太遥远，就像马拉松的目的地一样遥遥无期，所以孩子即使非常努力，也无法感知自己的进步，为此他们难免会感到无奈，也会因此而觉得焦虑不安。为了让目标对孩子起到激励作用，父母应该引导孩子进行目标分解，把远大目标分解为中期目标和短期目标，这样，孩子才可以在实现短期目标之后，感受到成功的喜悦，也因此而受到激励，信心倍增，动力十足。

如果孩子始终没有成功的体验，他们对于成功就会感到很陌生，也因为从来不曾收获成功，所以他们会感到沮丧，也会因此而对自己失去信心。相反，那些感受过成功喜悦的孩子，往往能够形成正确的自我认知，也在自信心的激励下，不断地努力上进，奋斗拼搏。为此，父母一定要想方设法激励孩子，也以最为适宜的方式帮助孩子体验成功。

此外，还需要注意的是，即使是设立短期目标，也是有具体要求的。短期目标不要过于简单，否则孩子轻轻松松就完成目标，不但会对目标的实现过分轻视，而且会因此而扬扬得意。因而短期目标的难易程度要适中，最好让孩子知道必须经过一定努力才能实现，这样孩子才会拥有努力之后获得成功的成就感。

对于小学阶段的孩子而言，他们已经具备基本的自理能力，在生活方面无须父母过多操心，所以父母不要再把小学生当成年幼的孩子去对待，而是要随着孩子成长的脚步与时俱进，对孩子提出适宜的要求。当然，孩子的性格也是截然不同的。有些孩子天生就拥有自信，他们对于自己的人生常常会有很多的设想，也因为获得小小的成功而变得骄傲。对于这种性格的孩子，父母要时不时地给他们泼冷水，才能让他们保持冷静和理智，也始终保持进步的态势。与这样的孩子恰恰相反，有些孩子总是很自卑，他们不管做什么事情都缺乏自信，也常常觉得自己一无是处，为此他们连尝试的勇气都没有。对于这样的孩子，父母要多多鼓励，这样才能培养孩子的自信、激发孩子潜能，对于孩子的成长起到积极的助力作用。

总而言之，每个孩子都是这个世界上独一无二的生命个体，父母要想引导孩子健康快乐地成长，就要帮助孩子不断进步和成长，也要从父

母的角度给予孩子合理的建议和最佳的帮助。记住，每个孩子内心深处都是渴望成功的，父母要做的就是帮助孩子获得一个个成功，孩子才会在成长的道路上不忘初心，砥砺前行。

第 5 章
投资课余时间,让孩子在玩耍中学习

很多父母都抱怨孩子在学习上没有优秀杰出的表现,殊不知,对于孩子的成长而言,父母只顾催促孩子要努力是远远不够的,还应该发挥对孩子潜移默化的影响,尤其是要在闲暇中多多陪伴孩子,这样孩子才能汲取更多的养分,努力进取和成长。

给孩子创造条件阅读更多好书

最近,妈妈发现西西特别迷恋读书,尤其是喜欢看那些文学名著,如《红楼梦》《西游记》《汤姆叔叔的小屋》《苔丝》等。有一天,妈妈甚至看到西西抱着一本比砖头还厚重的《飘》在读。为了有更多的时间读书,西西甚至到了废寝忘食的地步,每天放学之后根本不用妈妈催促,而是抓紧时间把作业写完就抱着书一直啃到睡觉。渐渐地,妈妈开始担心西西会因为阅读而影响学习,所以几次三番在西西面前念叨,让西西不要为了读课外书而影响学习。但是,西西总是让妈妈放心。

有一次,妈妈去学校开家长会,听到老师当着所有家长的面表扬西西颇具文学才华,而且写出来的作文辞藻华丽。对于老师这么高的评价,妈妈感到受宠若惊,一直以来妈妈都觉得西西学习成绩平平,从来不知道西西还有这么杰出的写作才华。家长会结束后,妈妈特意找到老师询问西西的学习情况,老师表示西西学习上一切如常,而且作文写得越来越好。妈妈和老师说起西西爱读书的事情,老师对妈妈说:"这是好习惯啊,很多孩子都不喜欢读书,而且总是玩电子产品。随着阅读量的增大,西西的作文水平还会更上一层楼呢!"妈妈这才放心下来,老师对妈妈说:"如果家庭经济条件允许,您可以多给西西准备一些文学名著。如果觉得买书经济压力大,还可以给西西办理借书卡,这样西西可以经常去图书馆借书看。只要作息规律,保证完成学校里的作业，读书只有好处，没有坏处。"得到老师的建议，妈妈再也不担心西西的学习，而是当即给西西办理借书卡，有的时候也会给西西选购世界名著。在妈妈的支持下，西西简直变成了一个书虫，她在文学的海洋里畅游，后来在代表学校参加作文比赛时，居然取得了第一名的好成绩。

说起读书，很多父母都对此不以为然，他们认为孩子看课外书是在读闲书，不但对于学习没有帮助，反而会影响学习。不得不说，这样的观点完全是错误的。所谓开卷有益，就是告诉我们只要读好书、多读书，就一定能收获更多。因而，父母如果发现孩子在课余时间喜欢读书，不但不要制止孩子，还应该多多鼓励孩子，这样才能保护孩子对于阅读的兴趣和热情，才能给孩子最积极的引导和帮助。作为支持孩子阅读的好父母，我们还应该主动给孩子选购更多的好书。

很多父母都没有意识到阅读的重要性，其实，读书，读好书，就相当于为孩子打开了一扇看世界的窗户。通过这扇窗户，孩子足不出户就可以看到整个世界，而且可以做到博古通今。当然，孩子对于书籍的热爱并非与生俱来的。为了帮助孩子养成阅读的好习惯，父母除了要督促孩子多读书、读好书之外，还应该为孩子营造良好的阅读氛围。很多父母都是低头族，每天除了看手机，就是看电脑，为此潜移默化中影响了孩子，导致孩子也和父母一样沉迷于电子产品。不得不说，这对于孩子的成长绝没有好处。父母要想激励孩子多多读书，首先自己要多读书，才能给孩子树立好榜样。正如人们常说的，父母是孩子的第一任老师，孩子是父母的镜子。当父母当发现孩子的行为举止出现问题的时候，不要一味地抱怨和责怪孩子，而应该首先反思自身，看看自己是否有哪些地方做得不对，从而改善自身的行为，也帮助孩子健康快乐地成长。所以说，培养孩子的阅读习惯，父母要从自身开始做起。

培养孩子细致的观察力

杜丽是个非常粗心的女孩，每次考试，总会因为粗心而做错好几道题，为此，妈妈几次三番叮嘱杜丽一定要细心，却收效甚微。有一天，妈妈和一位专门研究儿童心理学的朋友谈起杜丽粗心的问题，朋友告诉妈妈："孩子粗心，不是因为三心二意，而是因为思想开小差，或者是没有细致的观察力。"妈妈感到很惊讶："我一直以为杜丽粗心，都是不认真才导致的呢！"朋友笑着说："的确，很多父母都觉得孩子粗心是小毛病，只要认真就可以改正，其实不然。对于孩子来说，养成细致入微的观察力，形成专注的好习惯，才可以彻底根治粗心的坏毛病。"妈妈恍然大悟。

正如事例中的心理学专家所说的，很多孩子之所以粗心，并不是因为他们不够认真细致，而是因为他们缺乏细致的观察力，也没有养成专注的好习惯。所以父母要想帮助孩子养成认真细致的好习惯，一定要从小就培养孩子的专注力。

很多孩子从小就具备认真细致的观察力，也能够长久地观察一件事物。例如，几岁的孩子就会专心致志地观察蚂蚁，甚至到了茶饭不思的地步。再如，有的孩子因为喜欢阅读或绘画，甚至会坐在那里一两个小时都不动。有些父母因为没有保护孩子专注力的意识，常常会在这个时候打扰孩子，这直接导致孩子在成长过程中专注力受到影响。

要想帮助孩子养成认真观察的好习惯，在日常生活中，父母就要多多引导孩子认真观察。归根结底，孩子只有认真观察，才能对生活更加敏锐；也只有认真观察，才能在成长的过程中不断进步。当然，孩子粗心的毛病很普遍，父母对孩子一定要有耐心，在孩子出现问题的时候，也不要抱怨孩子，而是要意识到孩子的成长离不开父母的努力。当父母全力以赴引导孩子成长，当父母对于孩子的成长有更多的希望，也能够给予孩子更多的助力，孩子就会在成长过程中收获更多。需要注意的是，父母不要一味地抱怨和指责孩子。好孩子都是夸出来的，若父母对孩子有耐心，也足够用心，孩子自然会表现更好。

当然，孩子也需要更加努力进取，才能有良好的表现。其实，有很多兴趣爱好都有助于发展孩子的观察力。例如，绘画，在绘画过程中，孩子必须细致入微地进行观察，才能画得惟妙惟肖。此外，父母在日常生活中也应该给孩子树立好榜样，例如，父母要认真，更加用心观察，才能引导孩子观察。常言道，处处留心皆学问。生活中，有很多孩子发展观察力的机会。例如，当天气已经转凉，秋天悄然到来时，父母在接送孩子上学和放学的路上，可以询问孩子："你看看，秋天来了，天气有什么变化吗？"孩子会发现树叶黄了，人们穿的衣服变得厚重，也会发现有更多果实。在此过程中，父母可以向孩子讲述秋天的季节有什么特点，也可以引导孩子更加努力地认识秋天与其他季节的不同。在这样循序渐进的过程中，孩子的观察力必然更加敏锐，自身也会获得更好的成长。

总而言之，孩子的成长是一个漫长的过程，不可能一蹴而就，也不可能一口吃成胖子。面对孩子，父母一定要有耐心，要坦诚地对待孩子，也要给予孩子真正的平等。如果父母能够柔和地对孩子表达，也能够给予孩子更多的关注，孩子当然愿意和父母相处，也会敞开心扉对待父母。其实，良好的亲子关系建立在双方顺畅沟通的基础上，也只有在亲子关系良好的基础上，父母与孩子之间才会更加用心相待，才能彼此指引、共同成长。

坚持写日记，培养孩子的表达能力

自从升入三年级之后，子峰在语文学习上的劣势渐渐凸显出来。在此之前，同学们的语文能力和水平相差无几，到了三年级之后，区别逐渐显现，有的孩子在语文学习上依然保持优势，而有的孩子在语文学习方面则一落千丈，子峰就是其中一员。妈妈已经习惯了子峰在一、二年级学习中的优势，看到子峰如今在学习上吃力，感到非常惊讶，忍不住问子峰："子峰，你是不是最近贪玩，所以才导致学习成绩不理想？"子峰觉得很委屈，赶紧对妈妈表态："妈妈，我对于学习是非常认真的，绝对没有松懈。但是，我也不知道为何我现在的语文成绩不好。"

为了弄清楚子峰学习成绩出现波动的原因，妈妈专程去学校和老师进行沟通。得知妈妈的疑问，老师对妈妈说："子峰在语文学习方面，基础知识是很扎实的，所以他在一、二年级时语文成绩都非常好，因为一、二年级的语文主要学习基础知识，要靠记忆。但是在升入三年级之后，语文学习难度增大，增加了作文，这对于很多孩子来说是一个难题，而且作文的分值占比很大。"在老师头头是道的分析下，妈妈知道子峰语文成绩出现波动的原因，也很想解决问题。老师建议子峰写日记，并且告诉妈妈很多坚持写日记的孩子，在语文水平方面都有很大提升。这是因为他们一则可以通过写日记的方式把当天发生的事情记载下来，二则可以通过写日记来提升文字表达水平。

妈妈觉得老师说得很有道理，因而激励子峰坚持写日记，一开始子峰很排斥，觉得没有什么内容好写。后来，随着写日记的次数越来越多，子峰在写日记方面有了很大的进步，作文水平也水涨船高。除此之外，妈妈还让子峰准备了笔记本，专门摘抄那些好的词句。就这样，子峰的写作水平越来越高。

老师说得很对，很多孩子在一、二年级阶段，学习上并不会有明显的优势和劣势，尤其是语文学习在一、二年级的时候以掌握基础知识为主。到了三年级，语文学习进入分化阶段，在这个阶段，孩子们有的学习成绩很好，有的学习成绩出现退步，是因为他们的作文水平参差不齐。父母在发现孩子学习退步的时候，一定会非常着急和焦虑。实际上，只有认真分析原因，才能有的放矢地解决问题。提高写作水平，绝非朝夕之间可以做到的，因而父母要引导孩子坚持写日记，让孩子在写日记的过程中积累写作素材，也增强对于文字的灵活运用能力，这才是最重要的。

也许有些孩子会觉得日记无话可说，那么父母要多多丰富孩子的经历，引导孩子说一些生活中的琐事，也教会孩子如何描述自己的见闻、阐述自身的感受。这样，孩子才会坚持进取，不断进步。当孩子养成写日记的好习惯，也能把日记写得很好，对于他们而言，写作文就会变得更加轻松。归根结底，孩子的进步必须循序渐进，一步一个脚印踏踏实实地前行，才能最终收获更多。如果总是三心二意，或者急功近利，则会受到心急的惩罚。正如人们常说的，心急吃不了热豆腐，父母在引导孩子成长的过程中，也要始终坚持给予孩子积极的引导，尤其是在小学阶段，更要帮助孩子养成好习惯，对于孩子的学习才能起到最大的助力。

坚持写日记，不但有利于孩子在升入三年级之后写作文，即使对于孩子日后的生活，也有很大的好处。成人会有很多的苦闷和烦心事，如果不想对别人倾诉，就可以对着日记本倾诉，从而发泄心中的负面情绪，保持良好的心态。总而言之，坚持写日记对于孩子的一生都是有利的，父母既要督促孩子养成这个好习惯，也可以尝试着写日记，给孩子做好榜样，这是非常重要的。

今日事今日毕，才能提升效率

在小学低年级阶段，作业是比较少的，所以琦琦每天都可以按时完成作业。但是进入小学中高年级，学习内容的难度增大，而且学习的节奏加快，为此琦琦在学习方面常常陷入被动的状态，总是效率低下，有的时候还无法完成作业。一开始，妈妈怀疑是老师布置的作业太多，后来才发现班级里大多数同学都能在两小时之内完成作业，而琦琦却需要三个半小时以上才能完成作业。妈妈这才意识到问题出在琦琦身上，而并不在于老师。为此，妈妈认真观察琦琦写作业的过程，发现琦琦之所以完成作业的速度非常慢，就是因为她总是磨磨蹭蹭，有拖延的毛病。例如，下午放学回到家里，才三点半，琦琦总是要先吃一些东西，还边吃东西边看电视，拖延到四点半才开始写作业。写作业的过程中，琦琦也不能做到专心致志，而是经常这边看看，那边摸一摸。

到了五点半，琦琦又要吃饭，吃晚饭后再休息一会儿，再开始写作业的时候已经六点半甚至七点。接下来，琦琦至少还需要两个多小时才能完成作业,所以每天晚上都要折腾到十点才能上床休息。长此以往,琦琦完成作业的效率很差,质量低下,而且因为休息不够,次日早晨起床往往很困难。为了改变琦琦的这种状态,妈妈想了很多办法都收效甚微。

后来,老师建议妈妈给琦琦规定具体的时间完成具体的学习任务,并且让妈妈买个闹钟摆放在家里,培养琦琦的时间观念。果然,琦琦在闹钟的提醒下,渐渐认识到珍惜时间的重要性,也因为吃了几次拖延的亏,所以渐渐地改掉了拖延的坏习惯。这样,琦琦在学习上效率倍增,也获得了更好的成长和发展。

很多孩子都和琦琦一样有拖延的坏习惯,这是因为他们没有意识到拖延对于生活和学习的负面影响,因而做事总是拖拖拉拉,使自己非常被动。明智的父母知道,要想让孩子在学习方面出类拔萃、获得成就,就一定要帮助孩子改掉拖延的坏习惯。正如大文豪鲁迅先生所说的,时间就像海绵里的水,只要愿意挤,总还是有的。父母要有意识地帮助孩子树立时间意识,也帮助孩子改掉拖延的坏习惯,这样才能让孩子争分夺秒地面对学习,也使自己更好地成长。

孩子爱拖延,其实是天性,心理学家经过研究发现,很多人都会在不知不觉中因为趋利避害的本能而拖延。那么在面对孩子的拖延行为时,父母也不要过分指责孩子,而是应该让孩子意识到,拖延是不好的行为习惯,从而激发孩子的上进心,让孩子主动改掉拖延的坏习惯。当孩子养成雷厉风行的行为习惯,不但对于提升孩子在小学阶段的学习效率大有帮助,而且对于孩子的一生都会产生良好的影响。

父母要记住,好习惯不是与生俱来的,也许天赋在孩子的成长中起到很大的作用,但是对于孩子来说,后天的成长更是至关重要的。很多孩子之所以拖延，和家庭环境也有密不可分的关系。正如人们常说的，父母是孩子的第一任老师，很多孩子在无形之中就会学习和模仿父母，因而父母的言行举止对于孩子的影响作用很大。所以，父母要在孩子面前保持良好的行为，这样孩子才会潜移默化地受到父母的影响，也更加优秀。举例而言，如果父母本身非常拖延，做任何事情都要等到最后一刻才展开行动，那么孩子就不可能是一个当机立断的人。反之，如果父母的性格是很雷厉风行的，在家庭生活中总是能把每件事情都做得非常干脆利索，那么孩子就会受到父母的影响，在做事情的时候坚决果断。总而言之，父母对孩子的影响非常大，父母唯有给孩子作出表率，孩子才会做得更好。

在小学阶段，随着年级的升高，孩子的学习任务越来越重。父母一定要未雨绸缪，帮助孩子养成今日事今日毕的好习惯。如果孩子总是习惯于把今天该做完的事情留到明天去做，就会导致事情积压，也给自己带来额外的沉重压力。唯有每天按时完成任务，甚至能留出时间来进行复习和预习，孩子在学习中才会有更好的表现，才能在成长的道路上坚持前行，最终收获好的结果。

让孩子融入人群

过了这个暑假，果果就要正式开启小学阶段的生活，为此妈妈感到很忧虑。原来，果果是一个特别内向的孩子，很难融入群体之中。在幼儿园阶段，因为老师常常组织孩子们一起玩游戏，所以果果内向的特质没有特别明显地表现出来，但是一旦升入一年级，老师对于孩子主要承担的任务就主要是教授知识，妈妈担心果果在班级里会显得非常孤独和另类。如何趁着暑假，改变果果孤独的性格特点呢？妈妈一直在想办法。

暑假才刚开始，妈妈的表弟要结婚，妈妈想带着果果一起参加婚礼。大多数孩子都很乐于参加的婚礼，但果果一口就回绝了妈妈的邀请。原来，果果不想见到那么多陌生人，也不想和那么多人说话。实际上，妈妈就是想趁着参加婚礼的机会让果果多见人，也融入人群之中。看到果果坚决不去的态度，妈妈有些不知所措。

如今，大多数家庭里都只有一个孩子，孩子从小就习惯了在父母的呵护和长辈的疼爱下成长，根本没有意识自己应该更多地为他人着想，也要学会融入人群。以自我为中心的孩子，很容易成为家中的小霸王，在和父母相处的过程中，不知不觉养成自私的坏习惯。从教养的意义上来说，父母与孩子的相处模式，对于孩子的成长会有很大的影响。如果父母总是无条件地满足孩子的欲望，也总是任由孩子按照自己的性子去做事情，孩子就会变得自私任性，而在孩子长大之后，父母再想管教孩子就会很难。一旦孩子养成自私的性格，未来在走入社会与他人相处的时候，就会变得非常被动。

现代社会，要想成为一个优秀且出类拔萃的人，除了要有过硬的本领和能力之外，还要有与人相处的能力。如今，人脉已经成为非常重要的资源，父母除了要培养孩子的能力，还要注重培养孩子的情商，让孩子学会与人交往。只有在人际关系中游刃有余，与身边的人搞好关系，孩子在幼升小之后，才能更好地适应小学生活。

从幼儿园升入小学，意味着孩子在成长的道路上又前进了一大步。父母要知道，孩子的成长从来不是一蹴而就的，也不是按部就班的。心理学家经过研究发现，先天因素的确重要，但是后天成长对情商的影响更大。情商就是一个人对于情绪的处理能力，情商能在孩子处理人际关系的表现中体现出来。所以父母不要小觑孩子的情商，也不要忽视对于孩子人际关系的培养，唯有让孩子更加积极主动地融入人群，孩子未来在升入小学之后，才能建立良好的人际关系，才能在人群之中游刃有余，取得良好的发展。

其实，对于孩子人际关系的培养，不是要等到孩子必须与人相处的时候才开始的，明智的父母会从小就开始培养孩子的社交情商，也会引导孩子学会与人分享、与人相处。对于发展社交关系而言，让孩子具备分享的品质至关重要。如果孩子总是自私霸道，那么在家庭生活中，父母和长辈会宽容忍让孩子，等到了社会中，孩子又该如何自处呢？所以，父母首先要与孩子友好相处，也切实教会孩子人际相处的要点，这样，孩子才能在成长之中拥有好人缘，也结识更多的好朋友。

让孩子走进大自然

进入小学高年级，乐乐明显觉得压力增大，原本稳定的学习成绩也难以避免地出现波动。一次月考之后，乐乐因为考试成绩不好，还出现了焦虑症状，经常失眠，好不容易睡着，还会因为梦到考试的事情而惊醒。为了帮助乐乐缓解心理压力，妈妈带乐乐去看心理医生。心理医生在了解乐乐的情况之后，很轻松地对妈妈说："孩子没事，你以后每周带他去爬一次山，要不了多久就会好了。"妈妈听到医生的话这么轻松，感到很疑惑："就这么简单吗？"医生点点头："是的，就这么简单。"

妈妈看到医生毫不迟疑的样子，半信半疑，带着乐乐回家之后，每个周末不管多忙，都会抽时间带乐乐去爬山。果然，才爬了两三次山，乐乐心情大为好转，在学习上的表现也更加优秀。妈妈问乐乐："你觉得自己现在和以前有什么不同吗？"乐乐说："每次爬上山的时候，我都很累，但是心里很轻松。爬山之后，我学习起来也更有动力了。"妈妈坚持带乐乐爬山，乐乐的状态越来越好。

乐乐的心态之所以有明显好转，就是因为他开始亲近大自然。人是自然的一分子，是万物的灵长，是人间的精灵，但是这并不意味着人可以脱离大自然而生存。人归根结底是属于自然的，只有积极地融入自然环境之中，才会有更好的成长，才能够在钢筋水泥的城市森林里住得厌倦时，找到心灵的归属。

如今，农村的孩子还好，还有机会融入大自然，与大自然亲密相处；而城市的孩子，则居住在钢筋水泥组成的城市森林之中，根本没有机会与大自然亲密相处。他们要承受强大的学习压力，更容易在成长过程中陷入各种困境。实际上，孩子多接地气，经常亲近大自然，对于孩子的身心健康是很有好处的。细心的人会发现，当工作压力大的时候，一旦走入自然之中、融入自然，就会感到身心轻松愉悦。为此，父母在关心孩子的成长、照顾孩子的吃喝拉撒、督促孩子认真学习的同时，也不要忘记经常给孩子机会亲近大自然。毕竟对于孩子而言，吸收自然的精华，是任何其他世俗的营养都不可取代的。

父母在督促孩子成长和学习的过程中，一定不要忽略让孩子亲近大自然。孩子唯有与自然更加亲近，真正地融入自然，才能够从自然中吸取精华，才能够在与自然和谐相处的过程中，获得成长和长足的进步。

也许有些父母会说，工作太忙，没有时间陪伴孩子走进大自然。其实，工作再忙，也不如孩子的成长重要。孩子的成长是不可逆的，一旦错过，很难再回来。父母既然生了孩子，就要养育好孩子，更要力所能及地陪伴孩子。对于孩子来说，最好的爱就是父母的陪伴。如今，有些父母因为忙于工作，或者背井离乡，把孩子和老人留在家里，或者虽然把孩子带在身边，却只能早晚才与孩子匆匆见面。不得不说，这种形式主义上的在一起，也是不够的。很多父母误以为孩子还小，对于生活和人生没有深刻的感知，实际上孩子的成长非常快速，也许父母不经意间，就已经错过了丰富和充实孩子心灵的最佳时期。

从现在开始，父母一定要学会平衡孩子与工作之间的关系。工作是为了更好的生活，生活的重要任务之一就是陪伴孩子成长，而不是忽略孩子的成长。父母拎得清生活与工作之间的关系，才能最大限度地调整好自身的状态，也给予孩子全方位的爱。记住，不管孩子多么小，都要经常带着孩子走入大自然，听听大自然里的鸟语花香，让孩子吸取大自然的精华和灵气，这样孩子才能成长为完美的人间精灵。

还给孩子一个精彩的假期

对于孩子而言，度过一个精彩的假期至关重要。很多父母为了让孩子不输在起跑线上，总是利用假期的时间给孩子报名参加各种各样的培训班和补习班，导致孩子休假的时候比平日里正常上课的日子更加忙碌。渐渐地，孩子甚至厌恶放假，觉得在学校里学习更轻松。父母这种望子成龙、望女成凤的想法我们当然可以理解和体谅，但是对于孩子而言，这样的假期是非常糟糕的。

父母必须认识到，孩子的成长有自身的节奏和规律，父母要做的是在尊重孩子正常发展规律的基础上，让孩子更加积极努力地进取，而不是打乱孩子的成长节奏，对孩子揠苗助长。否则，孩子就会对父母的教育方式产生反感，父母对孩子的引导和教育也会起到事与愿违的作用。所以父母要把握好度，既把假期作为孩子学习上承上启下的关键时期，也适度安排孩子在假期里的娱乐休闲活动，从而让孩子对于假期充满期待。这样，在平日里坚持认真学习时，孩子心中至少有所期待，也会因为心中有希望而对一直以来的辛苦付出更能保持积极的态度。

也有的父母不是为了对孩子揠苗助长，而是觉得孩子在假期里没有老人帮忙带，宁愿花些钱把孩子送入培训机构，也不想让孩子独自留在家里无人看管。那么父母要知道，培训机构中除了那些补习班，也有一些兴趣班。父母在给孩子报班的时候一定要尊重孩子的意愿，对孩子进行积极的引导，也要考虑到孩子的劳逸结合，从而合理安排孩子的假期，不至于引起孩子的反感。

细心的父母会有这样一种体验，那就是如果连续很长时间地工作，保持连轴转的状态，就会觉得很疲惫，甚至感到生活兴致索然。可想而知，成人都需要劳逸结合，都需要在每周彻底休息和放松两天，更何况是孩子呢？所以父母一定不要在假期过分逼迫孩子，而是要做到合理安排孩子的生活和学习，这样才能让孩子张弛有度，得到更好的休闲和放松，未来开学之后才能提高学习效率，完成学习目标。

具体而言，在假期里帮助孩子放松，父母要做到以下几点：

第一点，给予孩子独立的空间，让孩子可以自由安排生活。随着不断成长，孩子总有些自己想做的事情，他们也很有可能不愿意和父母一起做事，而是想要和同学们一起做事。这种情况下，父母要尊重孩子，在保障孩子人身安全的前提下，给予孩子最大的自由。很多父母因为担心孩子能力有限，总是处处禁锢和限制孩子，殊不知孩子的能力并非与生俱来的，而是在后天的成长中不断锻炼才得以增强的。所以父母要给孩子更大的独立空间，才能让孩子不断地接受锻炼，持续地进步和成长。

第二点，很多孩子都喜欢玩电子游戏，或者看电视节目。在平时学习的过程中，父母对于孩子的这种爱好往往限制严格，一则是害怕形成游戏瘾，二则是为了保证孩子有充足的时间用于学习和休息。在假期中，这方面的要求可以放松，让孩子适度玩游戏，甚至可以培养孩子养成自制力，能够主动开始游戏，更能够主动结束游戏，这样孩子才会对玩游戏产生免疫力，也做到适度控制自己，理性玩游戏。

第三点，前文说过，要经常带着孩子亲近大自然，如果说平日里带孩子游山玩水只能在家附近，那么借助于假期的机会，则可以带着孩子走得更远一些，有经济条件的家庭，还可以带着孩子走得更远，甚至走出国门。除了游览名山大川之外，陪伴孩子去一些有历史纪念意义的旅游胜地参观，也是很不错的选择。这样，孩子不但可以在游览的过程中开阔眼界，也可以得到教育，可谓一举数得。

第四点，孩子一旦升入一年级，只有周末的时间可以自由调度，因而很多父母为了帮助孩子节省时间，往往凡事都为孩子代劳，如此一来无形中就剥夺了孩子尝试和学习的机会。实际上，孩子看似很多事情都不会，如果给他们机会，他们还是很愿意努力做好的。因而在假期，父母还可以有意识地教会孩子一些生活的技能，例如，教会孩子做简单的饭菜，让孩子学习做家务，利用假期帮助爸爸妈妈减轻家务负担，这对于孩子来说意义深远，不但可以培养孩子对父母的感恩之心，让孩子养成帮助爸爸妈妈分担家务的好习惯，也可以增强孩子的生活自理能力，让孩子在未来的成长过程中可以更好地照顾自己。唯有如此，孩子才可以不断成长，才能变得越来越强大。

记得网络上曾说，很多孩子都度过了一个"假"的假期，意思是说孩子们在假期里不但没有得到休息，反而承担更繁重的学习任务，而且没有做其他有意义的事情。父母千万一定要避免孩子度过"假"的假期，而是要方方面面考虑，引导孩子度过一个充实、精彩且有意义的假期。

第 6 章
讲究方式方法，让孩子愿意学习

很多孩子都有厌学的情绪，这是因为他们在学习上不能得心应手，更不能如愿以偿实现目标。在长期学习的过程中，如果孩子在坚持付出之后没有得到想要的成绩，渐渐地就会否定自己，也会因此而陷入对学习的倦怠情绪中无法自拔。其实，对于学习来说，只有用对方法，才能事半功倍；如果方法不对，孩子哪怕付出再多，也不可能获得预期的成绩，甚至会因此而陷入学习的误区。父母要想陪伴孩子顺利度过小学六年，就应该在孩子初入小学的时候，有意识地培养孩子的学习能力，提升孩子的学习水平，从而让孩子真心爱上学习，也激发出孩子自主学习的动力和热情。

培养孩子的专注力

小凯是个非常聪明的孩子，在幼儿园阶段，总是得到老师的认可和赞赏，也是班级里不折不扣的核心人物。升入小学之后，小凯的聪明伶俐的劲头依然很饱满，但是在学习方面则没有很好的表现。尤其是在课堂上，小凯就像患有多动症一样，总是不停地动来动去，有的时候还会和同桌、前后座位的同学说话，都因为扰乱课堂秩序被老师批评过好几次了。看到小凯又犯老毛病，老师就会喊小凯站起来回答问题，小凯的眼珠子滴溜溜地转，但是压根不知道老师问的是什么问题。为此，小凯可没少挨老师批评。

有段时间，小凯在课堂上的表现实在太差，老师只好联系小凯妈妈来到学校，当面沟通小凯的问题。爸爸妈妈也怀疑小凯是否有多动症，因而带着小凯去看多动症专科。医生经过检查，对爸爸妈妈说："这孩子只是比较活泼调皮，不是多动症。你们要培养他的专注力，帮助他集中精神做一件事情，情况就会渐渐好转。"这个时候，爸爸想起来小凯小时候就总是很着急，喜欢一边玩耍一边吃东西，这样的行为是否也会对孩子专注力的培养不利呢？经过询问，医生证实了爸爸的想法。

专注力不佳的孩子，在学习过程中很容易出现抓耳挠腮的情况，根本不知道自己应该怎么做，才能表现更好，这是因为他们已经养成了三心二意的坏习惯。实际上，对于每个孩子而言，学习任何东西都要非常专心，也要有足够的耐心，这样才能静下心来把该做的事情做好。

心理学家经过研究证实，大多数人先天的条件相差无几，之所以拥有不一样的人生，是因为他们的后天发展不同。看到这里，相信有很多父母都会感到奇怪，为何后天的成长对孩子的影响这么大呢？影响孩子后天发展的因素又有哪些呢？通常情况下，专注力对于孩子的后天发展有很大的影响。其实，专注力也可以作为孩子学习能力的一项重要指标。有专注力的孩子，在学习上往往有更好的表现；而缺乏专注力的孩子，在成长过程中，往往会做事三心二意、虎头蛇尾，自然也就没有好的发展。

大多数父母都认为自家的孩子非常聪明，却忽略了孩子做事漫不经心、三天打鱼两天晒网的糟糕表现。在这种情况下，如果父母总是唠叨孩子，试图提醒孩子要保持专注，效果往往很差。从教育的角度来说，父母的唠叨有的时候反而会扰乱孩子的心绪，导致孩子无法专心致志做好事情。因而在培养孩子的时候，父母一定要帮助孩子明确学习的目标，让孩子知道通过学习自己可以收获什么。尤其是在安排孩子做事情的时候，要引导孩子每次只做一件事情，而不要让贪心干扰了孩子对于做事情次序的安排。很多孩子之所以总是不够专注，也是因为他们手上做着一件事情，心中却在惦记着另外一件事情，这样他们难免会手忙脚乱，最终一事无成。因而在孩子专心做某件事情的时候，父母不要影响孩子，也不要打乱孩子自身的节奏，这样对于培养孩子专心致志的好习惯才是有利的。

此外，在家庭生活中，当孩子专心做某件事情的时候，父母要避免发出嘈杂的声音，否则会给孩子带来干扰。在很多家庭里，父母一边要求孩子专心完成作业，或者要求孩子按时睡觉，自己却一边看电视，或者大声喧哗。这样，孩子如何能够专心写作业，或者静下心来休息呢？还有些父母在孩子写作业的时候，总是频繁地打开孩子的房间门，给孩子端茶倒水，或者给孩子送水果糕点等。不得不说，这样的行为是得不偿失的。孩子并不缺少那一瞬间的营养，而父母的频繁打扰，却让孩子无法全神贯注做好手里的作业。

为了帮助孩子保持专注，父母还要给孩子足够的休闲时间。如今，很多孩子都喜欢玩游戏，父母因为担心孩子会上瘾，或者害怕孩子浪费太多的时间，会对孩子进行各种限制，或者只给孩子很少的时间玩游戏。其实，如果给孩子玩游戏的时间太少，少到孩子只能玩游戏的开头，那么孩子哪怕坐在书桌前写作业，也根本静不下心来把作业写好。与其让孩子面对学习心猿意马，还不如彻底不给孩子玩游戏，或者给孩子相对充足的时间让孩子玩一局游戏，使孩子放下贪玩的心后，专心致志地完成作业。所以父母不要觉得孩子完成作业和玩游戏是相对的，实际上孩子如果可以全身心投入玩好游戏，就可以培养自身的专注力。此外，孩子也只有玩游戏尽兴，才能根据与爸爸妈妈的约法三章，在学习上全身心投入。

总之，孩子的成长需要父母的引导，父母必须对孩子更加用心，才能给予孩子更好的指导和帮助。当然，孩子的成长也不是一蹴而就的，父母不要一下子就对孩子提出过高和过于苛刻的要求，而是要合理适度地管教孩子，也设身处地地为孩子着想，才能与孩子建立良好的亲子关系，也加深亲子感情，这样，亲子教育自然水到渠成、事半功倍。

创造条件让孩子爱上学习

刘超从小就聪明，对于很多事情一点就通，但是也有缺点，那就是很懒惰，不愿意做那些需要坚持付出和努力才能取得成果的事情。为此，刘超在数学学习上很有天赋，对需要花费更多时间和精力去记忆与巩固的语文学科，他一点儿都不感冒。为了激励刘超对于学习的兴趣，让刘超花费更多时间钻研语文，爸爸想出了很多办法，但是都收效甚微。爸爸经常遗憾地说："我是一个资深编辑，也很擅长写作，尤其喜欢文科，为何刘超就没有遗传我的优秀基因呢？！"

有一个周末，爸爸因为手头有稿件没有看完，就把稿件带回家里加班。爸爸在书房里看稿子，刘超在书房玩乐高。正在刘超玩得高兴时，爸爸突然生气地说："这么简单的错误也犯，还不如二年级的小学生水平呢！"听到这句话，刘超马上感兴趣地跑到爸爸身边，问爸爸："爸爸，这个上面有什么错误这么低级啊！"爸爸突发奇想，对刘超说："对啊，你就是二年级的学生，你来看看这个上面有什么错误，我相信你一定能找到。"刘超饶有兴趣地将这一页稿件看了一遍，没有发现问题。他不甘心，当即又阅读了一遍，还是没有看出所以然。最终，刘超主动提出看第三遍。这一次，他火眼金睛，发现问题所在，兴奋地对爸爸说："爸爸，在这里，对不对？"看着刘超指着的地方，爸爸满意地点点头，问刘超："你能把这个错误改过来吗？"刘超沉思片刻，成功地把错误改正。后来，刘超爱上了和爸爸一起审稿，他会把稿件里简单的错误标注出来给爸爸看，爸爸也会根据刘超完成工作的情况，给予刘超一定的报酬。渐渐地，刘超对于学习的热情更加高涨，学习成绩也稳步上升。

事例中的爸爸非常聪明，看到刘超对审稿感兴趣，爸爸第一时间引导刘超看稿件。其实，爸爸让刘超找出稿件中的错误是假，激发刘超对于学习语文的兴趣是真。当刘超渐渐地爱上纠错，他对语文学习也充满了热爱。

孩子的本性都是贪玩的，所以在看到孩子贪玩的时候，父母不要一味地指责孩子，而是要认识到爱玩是孩子的天性。当然，喜欢学习也是孩子的天性，只不过这个天性有的时候隐藏得比较深，没有明显表现出来而已。所以，父母要想方设法激发孩子对于学习的兴趣，要从孩子擅长的地方着手，从而让孩子真正爱上学习。例如，如果孩子喜欢飞机，那么父母可以教给孩子关于飞行的知识，从而培养孩子把成为飞行员作为人生目标，这样孩子不用父母督促和激励，就会努力学习。再如孩子特别崇拜比尔·盖茨，那么父母也可以根据孩子的志向，为孩子树立目标，让孩子在电脑学习方面出类拔萃，这也会带动孩子对于其他学科的学习。总而言之，激发孩子的学习热情和兴趣，要从孩子的兴趣点着手，从而起到以点带面的作用。

父母的言传身教对于孩子的影响也非常大。很多父母虽然不停地激励孩子努力认真地学习，自己却是不折不扣的低头族，无形中给孩子树立了糟糕的榜样，导致孩子受到父母的负面影响。当父母给孩子树立积极的榜样，父母所说的话在孩子心目中才会更有分量，父母的引导对于孩子也才会起到积极的作用。

学习固然重要，但是对于孩子来说，成长也是至关重要的。父母要摆正心态，认识到唯有让孩子身心健康地发展，才能让孩子摆正对待学习的态度，才能以正确的观念走人生的道路。记住，兴趣是最好的老师，强迫要求孩子学习和孩子主动进行学习，效果是截然不同的。任何时候，父母都不要忽略兴趣对于孩子成长的重要作用和超强影响力，只有父母坚持正确的想法和做法对待孩子，孩子在成长之中才会事半功倍，在学习上也才会出类拔萃。

给孩子更多学习的自由

一直以来，爸爸妈妈都把小娜的学习生活安排得满满当当，小娜就像一个高速运转的陀螺，只需要根据爸爸妈妈的安排和指令行事，而从来不操心自己接下来该做什么。渐渐地，小娜对于爸爸妈妈产生了很强的依赖性，有的时候爸爸妈妈不在家里，她做完老师布置的作业之后，根本不知道还应该做些什么。

有一个周末，爸爸妈妈出差，小娜和奶奶在家里。她主动写完学校里的作业之后，就怔怔地坐在那里。奶奶问小娜："小娜，你在做什么呢？"小娜看着奶奶，说："我不知道下面要做什么了。"奶奶又问："那么，你平日里写完学校的作业，都做什么呢？"小娜说："都是爸爸妈妈把习题集打开放在我面前的，每做完一个学科的习题，他们就会拿来其他学科的。"看到小娜对于学习丝毫没有主见，更没有主观能动性，当了一辈子老师的奶奶感到很焦虑。正在这时，妈妈打电话回家安排小娜的课外作业，奶奶对妈妈说："你们该对孩子放手了。孩子现在没有你们的指令根本不知道该做什么，这可不是三年级孩子该有的水平。你们平日里对孩子看得太紧，孩子没有任何自由，所以才会不知所措。你只需要告诉我小娜的课外习题有哪些，不用安排具体的，我让小娜自己制订学习方案。"

妈妈对奶奶的提议不太赞同，但是现在不在孩子身边，对孩子也鞭长莫及，只好极不情愿地告诉奶奶小娜需要完成哪些课外作业。吃完午饭，奶奶就和小娜一起制订学习计划。一开始，小娜完全没有思路，在奶奶的引导下，小娜才意识到自己应该先做最擅长的数学作业，然后再做语文作业，最后做英语作业。奶奶提醒小娜："小娜，你做三小时的作业肯定会累吧！"小娜说："那么，我可以把作业减少一些吗？"奶奶趁机告诉小娜："当然可以，不过你要保证在学习新课之前有计划地完成已经学习过的习题，要把时间安排好。如果你总是东一榔头西一棒子，根本无法把控全局。"渐渐地，小娜制订的学习计划越来越完善，在得到奶奶的确定之后，小娜按照自己的计划完成了课外作业，觉得特别有成就感。

很多父母对于孩子的管教事无巨细，却不知道孩子早已长大，不再是那个襁褓中的婴儿。所以父母在陪伴和照顾孩子的过程中，一定要跟随孩子成长的节奏与时俱进，这样才能根据孩子的身心发展特点，恰到好处地对待孩子。如果父母总是把孩子当成小婴儿去对待，不给孩子独立安排学习的自由和权利，孩子永远也长不大。

和这种对孩子全方位照顾和保护的父母不同，有的父母对于孩子的学习采取开放的态度，他们相信孩子随着能力的增强，会对学习进行安排，也愿意在孩子的学习计划不够合理的时候提醒孩子完善计划，或者在孩子的学习行为出现偏差的时候，及时引导孩子的行为回到正轨上。记住，没有孩子从一出生就什么都能做到最好，孩子的成长是循序渐进、一步一个脚印进行的，父母要尊重孩子成长的规律和节奏，也要最大限度激发孩子自身的潜能，让孩子有的放矢地增强能力。在不断的锻炼之中，孩子各方面的能力才能得以发展，孩子在学习方面也会更加充实和有效。

当然，要想把制订学习计划的自由和权利交给孩子，父母就要真正信任孩子。很多父母一方面对孩子放手，另一方面却对孩子百般不信任，总是亦步亦趋地盯着孩子，对于孩子来说这样的感觉非常糟糕。父母的信任，是孩子最大的动力，如果父母总是抱着怀疑孩子的态度，就不可能真正给孩子自由。

现代社会，随着经济的发展、生活节奏的加快，越来越多的孩子在学习方面任务繁重，每天还要完成大量的作业。有些父母也许看过中国的水墨画，那么就应该知道在水墨画上留白是一个非常重要的步骤。留白巧妙，山水画才有意境，如果没有留白，即使绘画的技术高超，整个画作也会降低很多档次。在安排孩子的生活和学习时，父母也要注意"留白"，不要把孩子的生活安排得太紧凑，否则就会把孩子压迫得喘不过气来，导致孩子产生逆反心理，故意与父母对着干。

正确面对孩子的考试成绩

这次期中考试，张欢的成绩很不理想，比起上次月考，有很大的退步。拿到成绩单的那一刻，妈妈火冒三丈，她无法压抑心中的愤怒，生气地把试卷摔到张欢脸上。张欢已经是四年级的大姑娘了，被妈妈这么对待，她觉得很委屈，当即哭起来，妈妈口无遮拦地说："你还有脸哭，已经四年级了，我看你也就饭量见长，成绩怎么越来越退步了呢！"张欢脸上红一阵白一阵，不敢抬头看妈妈。后来，妈妈惩罚张欢站在家门口反思，等到妈妈想起来张欢还在门外的时候，赶紧走出去，却发现门外空荡荡的。妈妈在小区里找了三遍，也没有看到张欢的身影，这才意识到出问题了，赶紧打电话向爸爸求助。得知张欢丢了，在外地工作的爸爸第一时间联系亲戚朋友帮忙寻找张欢，自己也赶紧驱车返家。

后来，还是在警察的帮助下调取监控录像，全家人才知道张欢踏上了去云南的列车。妈妈和爸爸第一时间赶到云南火车站，联系云南的警察在车站寻找张欢。幸好，警察找到了张欢。妈妈忍不住抱着张欢痛哭起来，张欢却很冷漠，反问妈妈："你不是只在乎成绩，不在乎我吗，还哭什么？我走了，你们可以再生一个学习好的孩子。"这些话如同巴掌重重地打在妈妈身上，妈妈向张欢道歉，也真诚地告诉张欢："欢欢，妈妈现在知道你是最重要的。妈妈不应该这么看重成绩，其实妈妈也是为你好。"张欢一本正经地告诉妈妈："我自己会努力学习的，但是我不想要你这样的好！"妈妈保证："欢欢，妈妈以后一定会好好与你沟通，绝对不会因为成绩再委屈你！"

在失去孩子的那一刻，父母一定会意识到和孩子相比，成绩并不重要。但是在拥有孩子的时候，父母总是无法对成绩释然。的确，从内心深处来讲，父母督促孩子学习、考取好成绩，都是为了孩子好。但是，这样的好有时是孩子的生命不能承受之重。因而父母一定要摆正心态，也要理性思考自己想要的是孩子，还是好成绩，而不要在无形之中就把孩子和成绩对立起来。要知道好成绩是孩子创造出来的，父母不要因为过分看重成绩，就伤害孩子稚嫩的心灵。

提起孩子的成绩，很多父母都会很着急，因为父母对于孩子成绩的追求是只有更好，没有最好。换而言之，父母对于孩子的成绩提升是无止境的追求，总是希望孩子的成绩好上加好。当孩子成绩不好的时候，父母未免心焦如焚，因为在如今的应试教育体制下，成绩就是孩子的命根子，更是父母的心尖子。

现代社会，已经陷入全民教育焦虑状态，父母对于孩子的学习非常紧张，恨不得代替孩子去学，或者想尽一切办法提升孩子的成绩。实际上，这样的心态并不好，因为如果父母不能做到平心静气地面对孩子的考试成绩，就会导致孩子在考试之前陷入焦虑状态，或者在考试过程中承受巨大的压力，从而变得很被动。要想端正对于成绩的态度，父母就要认识到，衡量孩子并没有唯一的标准，或者即便有唯一的标准，成绩也绝不是这个唯一的标准。

明智的父母知道，对于孩子来说，身心健康是最重要的。一个孩子如果品德很差，即使有才华也不会有好的发展，甚至才华还会对他的人生起到负面的作用。反之，一个孩子如果心态端正、观念正确、身心健康，那么即使在学习方面不能做到出类拔萃，也可以在其他方面有突出的表现，成为父母的骄傲。所谓成才先成人，正是这个道理。所以在教育孩子的过程中，父母一定不要总是盯着孩子的考试成绩，而是要首先关注孩子的身心健康，培养孩子优秀的品质和健康的心态，这才是孩子拥有充实精彩人生的基础。教育孩子，任何时候都不要本末倒置，这是父母应该牢牢记住的，也是父母不能忽视的。

父母望子成龙、望女成凤的心，我们都是可以理解的，毕竟现代社会生存压力越来越大，职场竞争日益激烈，如果孩子没有立足于人世的资本，将来如何拥有美好的人生呢！但是，罗马不是一天建成的，胖子也不是一口吃成的。父母要意识到，每个孩子都有自身的天赋，也有自己的优势和劣势，需要一定的过程才能渐渐地走向成熟。父母要尊重孩子成长的节奏，要在认可孩子天性的基础上，顺势而为地引导孩子，而不要企图彻底改变和重新塑造孩子。每个孩子都是造物主降下凡间的天使，父母要尊重孩子，也要引导孩子，才能让孩子有更好的成长和更优秀的表现。

培养孩子的能力，比提升孩子的成绩更重要

成绩和能力相比，到底哪个更重要？从理性的角度来思考，父母都能给出正确的答案，那就是能力更重要。但是在如今的应试教育下，还有多少父母能够潜心下来增强孩子的能力呢？不得不说，提升成绩尽管很难，但是只要方法得当，效果是立竿见影的，而且成绩还会关系到孩子的升学，直接影响孩子的前途，为此很多父母都特别看重孩子的成绩，也希望孩子可以通过提升成绩来改变命运。相比起提升成绩，培养孩子的能力更难。如果说成绩是孩子对于各种知识的掌握情况的表现，那么能力则比成绩更进一步，是孩子在掌握知识之后能否灵活运用的综合体现。所以在能力增强方面，效果并没有成绩提升那么显著，很多父母出于对孩子学习的功利心，往往会急于提升孩子的成绩，而忽略了对孩子能力的培养。

成绩好的孩子未必是死读书，但是如果孩子成绩非常好，能力却特别差，则往往意味着孩子在死读书、读死书，所以不能把自己辛苦学到的知识灵活运用。试问，茶壶里煮饺子，有什么用处呢？饺子最终只能沤烂在茶壶里，无法发挥作用和实现价值。父母培养孩子，绝不要让孩子成为只知道理论知识的书呆子，而是要引导孩子把学到的知识灵活运用，从而增强和提升自己的能力和水平，也让所学到的知识派上用场。

遗憾的是，太多父母都过度重视孩子的成绩和分数。虽然对于孩子来说，考试成绩是对于所学知识的掌握情况的检测，但是并非孩子学习唯一的目的。如果孩子在日常生活中学习成绩就很好，偶尔一次考试失败，父母是不应该发作的，而是要和孩子一起分析试卷，查找原因，从而有的放矢地改变。当然，如果孩子每次考试成绩都很差，在平日的学习中也不合格，那么父母就要从孩子的学习状态着手，帮助孩子调整学习状态，激发孩子学习的动力，也教会孩子正确的学习方法，从而有的放矢地提升孩子的学习成绩。常言道，分分分，学生的命根。分数不是孩子学习的唯一目的，孩子在学习方面却应该通过考试来通关。

现在的孩子，用于玩耍的时间越来越少，是因为父母为了提升孩子的成绩，把孩子娱乐休闲的时间挤压得几乎没有。以前的孩子在放学之后，完成少量的作业就可以痛痛快快地玩耍，拥有快乐的童年。现在的孩子，在放学之后，除了写学校里的作业，还要完成课外作业。有些父母把孩子的时间安排得严丝合缝，甚至要求孩子放学之后先去上课外班，回到家以后才写作业。其实，父母忽略了一个现实，那就是玩才是孩子的天性。在整个小学阶段，尤其是小学中低年级阶段，孩子心灵稚嫩，学习能力有限，除了要在学校中系统学习之外，更应该以玩耍的方式边玩边学。父母与其用数不清的培训班压榨孩子的时间和精力，不如抽出时间来陪伴孩子一起玩耍。所谓玩中学，在玩耍过程中，孩子的技能得以强化，与父母的关系越来越好，亲子感情也更加深厚。此外，在玩耍的过程中，父母还可以对孩子言传身教，以自身的示范作用对孩子进行提升，或者与孩子一起做游戏，或者选择优质的图书和孩子进行亲子阅读，在此过程中，父母对孩子的教育和引导作用是潜移默化的，也许不能明显看到，但是必然融入孩子的生命，也对孩子起到切实的引导作用。

在父母的陪伴与引导下，孩子健康快乐地成长，不但与父母亲密，也感受到父母深沉的爱。当然，对于孩子来说，家庭氛围对他们的成长也是至关重要的，所以父母还要倾力为孩子打造良好的家庭氛围，帮助孩子努力积极地向上，也为孩子提供最好的教育和帮助。记住，今天父母多努力一些，未来孩子就更能坦然面对人生。

让孩子学会平衡玩耍与学习的关系

诺卡和南山是好朋友，从小一起长大，不但是一个院子里的邻居，而且上学之后还成了同桌。虽然彼此的关系亲密无间，但是诺卡和南山在学习方面的表现是截然不同的。诺卡从小就很爱玩，除了认真上课和快速完成家庭作业之外，很少看到他学习。每天放学，诺卡都有很多时间玩耍，而且诺卡玩耍的花样也很多，总是能召集一群小伙伴高高兴兴地做游戏。与诺卡恰恰相反，南山在学习方面的反应明显慢很多，但是南山特别勤奋，每天除了认真上课和完成作业，自己还会主动完成爸爸妈妈为他购买的课外习题。对于南山的表现，诺卡的爸爸妈妈很羡慕，常常教育诺卡："看南山多么乖，你一定要向南山好好学习！"然而，在一年级期末考试中，诺卡轻轻松松考取班级前三名，南山的成绩却处于班级中等水平。南山的爸爸妈妈也教训南山："看看人家诺卡，每天那么玩，学习成绩还那么好，你怎么就不能让我们省心呢？！"南山觉得很委屈，因为他真的已经非常努力了。

有一天，南山正在哈欠连天地做课外题，妈妈看着南山疲倦的样子，对南山说："南山，诺卡正和小伙伴在院子里玩呢，你也去吧！"南山懂事地说："我想把这个单元的习题做完。"妈妈想了想，一本正经地对南山说："南山，你还小，一定很爱玩。爸爸妈妈不希望你死学，学得很累，而是希望你和诺卡一样，玩的时候高高兴兴地玩，学习的时候专心致志地学。"在妈妈的催促下，南山才去院子里和诺卡一起玩。玩得满头大汗回家之后，南山吃掉一大碗面条，晚上再做习题的时候，觉得脑筋异常好用。南山感慨地对妈妈说："妈妈，原来玩耍可以使人变得聪明啊！"

南山说得很对，玩耍的确可以使人变得聪明，因为孩子的学习能力是有限的，如果一直在勉强坚持学习，那么就会透支大量的脑力，导致思考问题的时候思维更加迟钝。所以明智的孩子会平衡好玩耍与学习之间的关系，玩的时候就痛痛快快地玩，学习的时候就专心致志地学习，这样才能最大限度激发自身的力量，让自己全力以赴玩得好，也学得好。

作为小学生，孩子玩心还很重，为此一定要平衡好玩耍和学习之间的关系，才能最大限度激发自身的潜能，让自己在学习方面有更好的表现。父母在教育孩子的过程中，也要对孩子合理要求，而不要强求孩子必须把每一分每一秒都用于学习，否则就会对孩子起误导作用，也会导致孩子在学习方面疲惫不堪。

父母要想让孩子学习好，首先要引导孩子玩得好。换言之，只有玩得好的孩子，才能在学习上有出类拔萃的表现。前文说过，对于孩子的成长，既要提升孩子的智商，也要培养孩子的情商，而在玩的过程中，孩子的情商可以得到很好的提升和发展，对于孩子的智力发育也会起到极大的促进作用。在玩的过程中，孩子需要开动脑筋解决出现的难题，也会因为各种问题与小伙伴发生矛盾，因而还需要调动人际相处的能力解决人际矛盾。此外，有一些游戏还有助于孩子宣泄负面情绪，形成积极健康的心理状态。

现实生活中，每个孩子的脾气秉性都是不同的，有的孩子性格开朗、积极向上，有的孩子非常自卑、消极沮丧。在与小伙伴合作完成游戏任务的过程中，他们会潜移默化受到小伙伴的影响，也会与小伙伴携手并肩解决难题。这样，他们也就能融入团队，学会运用团队的力量解决问题。所以在陪伴孩子成长的过程中，父母一定要避免陷入误区，不要总是盯着孩子学习，而不给孩子玩耍的时间，否则就会导致孩子学得不好，玩得也不尽兴。记住，孩子是独立的生命个体，有自己的性格、观念和意识，父母要在尊重孩子的基础上，更好地满足孩子的成长需求，这样才能助力孩子的成长。

养成早睡早起的好习惯

因为一直以来爸爸下班很晚，所以佳佳从小就养成了等到爸爸下班回家才睡觉的习惯。这是典型的晚睡晚起习惯，在幼儿园阶段还好，因为幼儿园要求到校时间比较晚，而且在幼儿园里，孩子们可以午睡，所以佳佳并没有表现出特别困倦的样子。但是进入小学，这样的作息模式显然行不通了。因为睡得晚，佳佳早晨起不来，上学经常迟到。又因为在学校里没有午休的时间，所以佳佳整个下午都昏昏欲睡，特别困倦，导致上课的效果大打折扣。这可怎么办呢？

有一天，早晨第一节课，佳佳居然趴在桌子上睡着了。老师当即用手机拍了一张照片发给佳佳妈妈，佳佳妈妈忙不迭地向老师道歉，老师对佳佳妈妈说:"佳佳妈妈,孩子上课睡觉,违反了课堂纪律,也给其他同学造成不良影响,这不是最重要的。最重要的是,佳佳一直以来都很困倦,小学低年级阶段也没有那么多的作业需要他熬夜去写,我只是想让您切实解决问题,否则一定会影响孩子学习。"妈妈把这件事情告诉爸爸,爸爸也非常重视,当即决定调换工作。虽然调换工作之后,收入会减少,但是爸爸还是义无反顾。果然,爸爸回来得早,佳佳看到爸爸,也就很快洗漱休息。一段时间之后,佳佳的作息时间彻底调整过来,睡眠状态也越来越好,黑眼圈不见了,精神也更饱满,学习上有了很大进步。

对于小学阶段的孩子而言,充足的睡眠是非常重要的。很多父母总觉得孩子只要吃得好,身体就能发育好,早睡晚睡不会影响成长。其实不然。对于孩子来说,吃和睡,都是成长必需的营养素,对于孩子的成长都至关重要。因而父母不但要照顾好孩子的吃喝拉撒,更要帮助孩子养成早睡早起的好习惯,保证孩子的充足睡眠。尤其是在进入小学阶段的学习之后,如果孩子睡不好,更容易因为瞌睡而影响学习状态,导致学习成绩出现波动。

在一个家庭里生活,家庭氛围对于孩子的影响是很大的。很多父母本身就是夜猫子,习惯于晚睡,无形中就会给孩子负面影响。而且,因为父母没有休息,或者在看电视,或者在看电脑,也或者窃窃私语,总是会发出声音,自然影响孩子入睡。所以要想帮助孩子养成早睡早起的好习惯,父母就要以身作则,率先关灯睡觉,这样孩子才能在安静的环境中酣然入睡。

因为整个学习阶段的时间安排都是有规律的,所以父母在对孩子提出作息时间的要求时,也应该遵守规律,而不要三天打鱼,两天晒网。

有些父母到了周末就不对孩子的作息时间提出要求，这样孩子在周一到周五好不容易养成的良好作息习惯，就会被破坏。明智的父母哪怕在周末或节假日，也只是适度放松孩子的作息时间，而不会完全对孩子放任不管。毕竟孩子正处于长身体的关键时期，充足的睡眠对于孩子的身体成长有极大的促进作用。

此外，保持良好的作息规律，还有助于节省时间。而在混乱的生活状态下，时间都被切割成零碎的碎片，无形中就被忽略或浪费。正如大文豪鲁迅先生所说的，时间就像海绵里的水，挤一挤总还是有的。如果孩子能够把时间进行大块的划分，与此同时，也把零散的时间集中起来利用，那么就能够抓紧时间，也能够让时间发挥最大的作用。良好的作息习惯要从珍惜时间做起，如果总是浪费时间，时间就会变得零碎，人生也会变得混乱。

努力学习，并且学以致用

很小的时候，大鹏就特别喜欢数学。他对数字很敏感，当小伙伴都还不认识数字的时候，大鹏已经会写数字了；当小伙伴还不会十以内的加减法时，大鹏已经会一百以内的加减法了。因此，从幼儿园升入小学，大鹏对数学学习简直得心应手，效率也很高。

其实，大鹏数学成绩好，与父母对他的引导是分不开的。很多父母在教孩子知识点时，总是把学习与生活孤立开来。可想而知，对于学龄前的孩子来说，学习一定是枯燥的事情，为此很多孩子都不愿意学习，也会产生厌学的情绪。但是大鹏的爸爸妈妈则不同。大鹏的爸爸妈妈都是做生意的，开了一家水果店，大鹏从小就在水果店里长大，经常看到爸爸妈妈与客人进行金钱交易。闲暇无事的时候，爸爸妈妈就会教大鹏认识钱。后来大鹏认识钱了，爸爸在给客人找钱的时候，总是让大鹏从钱匣子里拿钱出来找给客人。就这样，大鹏耳濡目染，很快就把钱认得很熟。

一年级的时候，大鹏在学习上步入正轨，对于计算题更是做得得心应手，这是因为每天放学后来到水果店，爸爸妈妈都要求大鹏计算该给客人找多少钱。所以，大鹏的口算能力在班里也是最强的，而且速度也是最快的。二年级时，大鹏代表班级参加学校组织的口算比赛，还为班级争得了一等奖呢！

学以致用，是很多人对于学习的终极目标和追求，因为一个人即使知识渊博，如果不能把知识发挥出来并且合理利用，那么所掌握的知识就像茶壶里煮饺子一样——倒不出来，对于孩子的成长就是没有意义的。对于小学生而言，如果所学的知识和现实生活没有什么联系，也不能对现实生活起到积极的指导作用，那么他们就会失去学习的兴趣。所以父母为了激发孩子的学习兴趣，帮助孩子保持学习的热情，就要有意识地引导孩子把所学的知识运用到现实生活中。

其实在小学阶段，数学与现实的联系是最为紧密的，例如，去超市购买东西，妈妈可以要求孩子一边挑选东西一边进行计算，循序渐进地让孩子把购物金额控制在二十元、五十元、六十元、八十元，甚至一百元。在此过程中，孩子不停地在进行心算，心算能力大幅度增强。

除了数学，语文也是小学阶段的主要课程。有些父母觉得语文与生活的联系不像数学那么紧密，其实这样的想法大错特错。语文是工具学科，生活中随时随地都要用到语文知识。例如，只有学习语文孩子才会认识字；再如，孩子要想自主阅读，也必须运用语文知识。现代社会，电子通信手段的发达使得书面文字的作用减弱，如果在以前，孩子只有学习语文才会写字，还可以给亲戚朋友写信，简直太有成就感了。当然，父母在日常生活中也可以返璞归真，与孩子共同写亲子日记，或者给孩子写信，这都会让孩子感到新奇，也会激发孩子学习语文的兴趣和动力。

总而言之，不管是语文还是数学，对于孩子的成长都有很大的作用，也是孩子日常生活中必不可少的工具学科。当孩子不太喜欢学习时，父母就可以引导孩子发现所学知识与生活之间的密切联系，从而激励孩子持续努力，坚持进步。

正如古人所说，纸上得来终觉浅，绝知此事要躬行。不管是对于孩子还是对于成人来说，如果把学习和现实生活脱离开来，那么学习就是空洞的。与此同时，父母还要引导孩子正确对待书本知识与生活经验。很多孩子在学习之初往往迷信书本知识，却不知道知识一定要经过实践的检验，因而当发现知识与实践相矛盾的时候，父母就要引导孩子把知识与实践结合起来，以现实作为最根本的依据。所谓尽信书不如无书，说的正是这个道理。当然，在进步和成长的过程中，孩子还有漫长的路要走，父母要一直用心地引导和教育孩子，才能帮助孩子在成长的道路上砥砺前行。

玩中学，激发孩子的学习内驱力

这一天，老师要求孩子们背诵一篇描写名胜古迹的课文，因为大多数孩子没有游览过该名胜古迹,只能凭着对课文的理解来背诵,难度很大。头一天学习的新课文,次日又进行了深入讲解,第三天背诵的时候,还是有一多半的同学不会。老师很着急,也想帮助同学们尽快把课文背诵下来。以往背诵课文,对于那些形象生动的课文,老师经常会以角色扮演的方式帮助孩子们记忆,但是这篇课文属于写景状物文,如何才能激发孩子们的兴趣,让孩子们积极背诵课文呢?思来想去,老师想出了一个好办法。

老师对同学们说:"同学们,我们都没有去过这个景点,那么现在老师来朗读课文,你们闭上眼睛听,从而想象老师是导游,你们正在跟着我一起游览这个景点,好不好?"就这样,老师声情并茂地朗读课文,而孩子们则闭上眼睛陶醉于老师的导游介绍之中,似乎已经到达目的地。这样进行过几次畅想之后,老师又让同学一边朗读课文,一边做出动作,假想自己是景点导游。这样,孩子们兴致勃勃,全都非常高兴。很快,大部分同学都把课文背诵下来,而且非常流利,声情并茂。

对于写景状物的文章,老师能想出这样的方法帮助同学们记忆,真是负责任的好老师,也是不折不扣的好方法。通常情况下,小学生对于情节性很强的文章感兴趣,而写景状物的文章,对于孩子来说明显缺乏吸引力,所以孩子学习起来难度很大,背诵起来难度更大。幸好,老师绞尽脑汁想出的这个好办法取得了良好的效果。其实,这个方法的妙处就在于激发孩子的想象力,帮助孩子凭着想象来了解课文内容,也让孩子对于自身的成长有更好的表现。

从心理学的角度来说,孩子的成长有内部驱动力和外部驱动力之分。所谓外部驱动力,是外部的刺激力量;而所谓内部驱动力,则来自孩子的内心。要想在学习方面拥有持久的动力和经久不衰的热情,孩子就要拥有内部驱动力。当然，学习对于孩子而言是需要付出和努力的，为此孩子也常常感到身心俱疲。在这种情况下，父母要引导孩子发现学习的乐趣，也要想方设法激发出孩子对于学习的内部驱动力。这样，孩子在学习方面才会有更加持久的动力和良好表现。

除了可以采取这样的方式去熟悉、学习和背诵语文课文之外，其实很多学科的学习也可以寓教于乐的方式进行。在一些西方国家，教学中以学生为本位，所以老师往往会与孩子以游戏的方式进行学习。一直以来，中国奉行传统教育理念，虽然如今提倡教育改革和创新，也主张激发孩子的学习兴趣，但是在形式的开放上还有很大的空间。诸如数学学习，也可以将其与生活紧密联系起来，从而激发孩子的学习热情。至于英语，则实践性更强。也因为英语原本就是西方国家的语言，所以要求英语老师在教授英语知识的时候，要更加轻松，也要激发孩子对于学习的主动性。除了语文、数学、外语，在副课学习中，孩子更是要做到在玩中学，老师也要做到寓教于乐。其实，孩子除了在学校里的学习，在家庭中的学习也是至关重要的。而作为家庭教育的实施者，父母在引导孩子学习的过程中，更是要激发起孩子对于学习的兴趣，让孩子感受到学习的生动和活泼。

很多父母对于孩子采取填鸭式教育，忽略孩子作为生命个体的独特性，强求孩子必须按照父母的安排去学习，更要达到父母的要求和目标。实际上，这样的态度会让孩子对学习产生抵触心理，最终事与愿违。小学阶段，孩子本来就很贪玩，而且自控力比较差，所以如果父母坚持让孩子长时间学习，就会导致孩子身心紧张，学习的效果大打折扣。要想让孩子在学习方面有更好的效果，父母就要给予孩子足够的休息时间，这样孩子才会边学边玩，学习效率倍增。

第 7 章
在试错中成长,培养孩子的自理能力

孩子即使掌握了一定的知识也并不算完全长大了,而孩子接受教育的目的就在于能够独立把握人生。因而,父母养育孩子,既要促进孩子不断提升,也要引导孩子不断地进行尝试。常言道,人非圣贤,孰能无过。父母要允许孩子犯错,但是有些错误是不能犯的,一旦犯了,就没有弥补的机会。这就对父母提出了更高的要求,让父母在培养孩子自理能力的同时保证孩子安全、健康地成长。

不占便宜的人也不会吃大亏

一天放学后,西西走在路上,看到路边围着很多人。西西感到很好奇,因而围过去一探究竟。原来,有人在组织抽奖呢!看到抽奖的广告牌上那么多诱人的奖项,西西不由得怦然心动。她摸了摸自己口袋里的十几元钱,暗暗想道:只要花两元钱就能抽奖一次,我可以抽奖六次,这样,怎么也能中个大奖吧!西西甚至想:如果我中了一千元奖金,那么我就可以买心仪已久的山地车了。这么想着,西西的嘴角不由得露出微笑。

骗子看到西西陶醉的神情,似乎看透了西西的心思。他招呼西西:"小妹妹,一看你这个样子,运气就特别好,赶紧来抽奖吧,你一定能够抽到大奖。"西西本来就很心动,现在又被骗子恭维,几乎不假思索就掏出所有的钱交到骗子手里,开始抽奖。前几次,西西都与大奖擦肩而过,为此她认为自己还是有很大希望中奖的,所以继续抽奖。遗憾的是,六次之后,西西一无所获,最后一次,西西简直就与大奖只有一步之遥,转盘只要再多动几厘米,就可以中一千元现金。正在懊恼不已时,西西看到有个同学从远处走来,因而问同学:"嗨,你有钱吗?借给我点儿吧。"同学伏在西西耳边,提醒西西:"西西,这不会是骗子吧!"西西摇摇头,说:"不是的,我差一点就中了一千元。我觉得再借你二十元买十次抽奖机会,我一定能中奖。"说完,西西又兴致勃勃开始抽奖，但是结果依然很令人沮丧。

回到家里，西西向妈妈要二十元还给同学，妈妈诧异地问："你不是还有钱吗？昨天还有十几块钱呢，今天干什么花了？"西西支支吾吾不敢说，在妈妈的追问下，她才说明缘由。妈妈不由得抱怨西西："你这个孩子，被人骗啦！这么低级的骗术，你居然也能上当。"说完，妈妈给西西普及了各种防骗知识，西西懊悔不已。看着西西懊悔的样子，妈妈说："幸好你只是破财消灾，以后在外面可要多长个心眼，要是人被骗了，那可就糟啦！记住，不贪小便宜，不滥用好心，就不会让坏人得逞。"西西重重地点点头。

西西之所以被骗，是因为她很容易轻信他人，也想获取一千元奖金。当然，从家庭教育的角度来说，父母没有及时对西西展开防上当受骗的教育，也是一种家庭教育的缺失。随着社会的发展，各种各样的骗术在社会上横行。所以，父母一定要及时对孩子开展防骗教育，这样孩子才能够警钟长鸣，防止自己上当受骗。父母尤其要告诉孩子不要占小便宜，牢记世界上没有免费午餐的道理，从而坚持做人的原则，绝不奢望不劳而获。

正如妈妈所说的，破财消灾倒还没有大碍，如果遇到人贩子，那么后果就会非常严重，甚至无法挽回。因而父母要及时对孩子开展安全教育。如今很多人贩子诱骗孩子的手段层出不穷，使孩子防不胜防。所以父母在对孩子进行防骗教育的时候，一定要非常全面，才能做到防骗到位。

提起骗子横行，很多人都会感到纳闷：人为什么会上当受骗呢？有的时候，骗子的骗术明明很拙劣啊！的确，很多骗子的骗术并不高明，他们之所以能得逞，就是因为有很多人都爱占便宜。也可以说，上当受骗的人不是被骗子欺骗，而是被自己爱占便宜的心理欺骗了。一个人要想避免上当受骗就要坚持一个原则，那就是不占小便宜。从某种意义上来说，骗子实施骗术，就像在钓鱼。大骗子放长线钓大鱼，小骗子放短线钓小鱼。总而言之，他们都会用到诱饵。

具体来说，父母在对孩子开展安全防骗教育的时候，要做到以下几点。首先，教育孩子不贪图小便宜，即使有小便宜摆在面前，也不要随意占便宜。其次，父母要教育孩子远离陌生人。也许有些父母会感到困惑，前文不还说要激励孩子与陌生人相处，结交新朋友吗？父母当然要鼓励孩子结交朋友，只是结交新朋友的前提是在安全的大环境中，如在学校里、在班级里。最后，教育孩子不要滥用好心。在如今的社会上，也有的犯罪分子为了诱骗孩子，会以问路等各种理由接近孩子，或者把孩子拐骗到不安全的隐秘地方，由此对孩子实施伤害。所以父母虽然要教育孩子助人为乐，却也要告诉孩子在面对陌生人的时候保持足够的警惕，这样才能保护好自己。

坏人的骗术层出不穷，父母在对孩子开展安全防骗教育的时候，也要与时俱进。要知道，父母不可能跟随在孩子身边一辈子，更不可能永远保护孩子，所以增强孩子的自我保护能力是至关重要的。

让孩子独自旅行

最近，乐乐所在的报社，正在对小记者开展独自旅行的宣传活动。很多父母都对这个活动特别感兴趣，但是一想到要让孩子离开自己的视线范围独自生存几天的时间，他们又不由得感到揪心：孩子从小就在父母的保护和照顾下长大，出去万一遇到危险怎么办？孩子能照顾好自己吗？孩子是否会遇到坏人？孩子只有一个，绝对不能轻易冒险，这是绝大多数父母最终得出的结论，于是，他们给予孩子机会独立旅行的念头也随之打消。结果，虽然报社承诺会对孩子的独立旅行进行跟踪拍摄，但是很多父母还是认为太冒险，最终彻底放弃这次活动。

乐乐对此跃跃欲试，而且一直在劝说爸爸妈妈同意他独自旅行。妈妈从理智上知道让乐乐接受锻炼的好处，从感情上却很难接受，尤其是在想到安全问题的时候，妈妈简直觉得百爪挠心，似乎危险就在眼前。爸爸的态度则很中立，他更尊重乐乐的意见，并且试图以尊重孩子的意见为由，帮助乐乐说服妈妈。但是被妈妈一通反驳之后，爸爸马上倾向于支持妈妈。就这样，虽然全家人针对是否让乐乐独自旅行讨论了一周的时间，最终却不了了之，旅行也被扼杀在萌芽状态。

孩子什么时候才能独自旅行？如果孩子的独自旅行是顺其自然发生的，那么父母也就会自然地接受，但是若独自旅行不是顺其自然发生的，父母往往无法说服自己同意孩子进行一次独自旅行。尤其是在小学阶段，愿意拿孩子冒险的父母几乎没有。不得不说，父母的确低估了孩子的能力，或者可以说父母很清楚在长期的骄纵和宠溺中，孩子的独立能力并没有得到有效发展，而他们作为对孩子生活自理能力最了解的人，根本不愿意给予孩子这样的机会去进行危险的尝试。

从成长的角度来说，进行一次独自旅行，孩子会感受到自己的成长和力量，未来也会变得更加坚定勇敢。从心理的角度来说，也许孩子此前和父母一样对自己缺乏信任，但是一旦独自旅行获得成功，他们得到的成长和进步是不可估量的。父母作为孩子的监护人，总是不愿意相信他人能照顾好自己的孩子，哪怕是组织者作出保证，他们也不愿意拿孩子冒险。因为父母这样的护犊子心态，孩子很难发展独立意识，也很难真正做到独立成长。

不可否认,在旅行的过程中,孩子常常要面临很多突发情况,也因为没有依靠,无法寻求帮助,他们不得不依靠自身的力量去解决问题。但在这样的独立过程中,孩子才能以更强大的姿态成就自我、面对自我。

常言道,眼界决定境界。对于孩子来说,他们虽然正处于成长的过程中,而且此前一直依赖父母成长,但是独立势在必行。当然,前文所说的父母的担忧和焦虑都是合理的,也都是有可能发生的,所以在安排孩子进行独自旅行之前,父母一定要对安全问题考虑周全,千万不要为了锻炼孩子就盲目地把孩子置身于危险的境地。此外,对于旅行途中可能发生的问题,父母还要和孩子一起做出预案。毕竟小学生正处于好奇心强烈的阶段,而在旅行途中也有可能遇到居心叵测的人,所以父母一定要提前作好安排,帮助孩子确定旅行路线。孩子的成长固然重要,孩子的生命更加重要,父母在教育孩子的问题上不要冒进,而是要慎重安排关于孩子旅行的事宜,最大限度保障孩子的人身安全,这才是真正对孩子负责任的态度。

增强孩子的独立生存能力

一直以来,小小都过着衣来伸手、饭来张口的生活。小小是家里的独生女,小小的爸爸妈妈也是独生子女,为此小小不但享有爸爸妈妈无微不至的爱和关注,更是在爷爷奶奶、姥姥姥爷的溺爱中长大。渐渐地,小小习惯了在家庭的中心位置,不管做什么事情都等着享受现成的，很少体谅父母和长辈的辛苦。

一个周末，爸爸开车带全家人去郊外游玩，到了目的地，爸爸妈妈、爷爷奶奶和姥姥姥爷都忙着拿东西、支炉子，准备开始烧烤。小小呢，在爸爸支撑好的帐篷里惬意地看书，悠闲地休息，还吃着零食呢！爸爸忍不住呼唤小小："小小，你没见全家人都在忙吗，你好意思吃现成的呀！"小小对着爸爸笑了笑，还是躲在帐篷里不动窝。无奈，爸爸只好给小小下最后通牒："小小，你不干活也行，一会儿不许吃烤肉。不劳动，就没有享受的权利，这是天经地义的。"这个时候，小小才噘着嘴巴，极不情愿地从帐篷里出来，给爸爸打下手。

如今的孩子，有太多的小公主、小皇帝，他们因为从小就得到长辈无微不至的爱和照顾，所以根本不懂得感恩长辈，更不知道要做些力所能及的事情，减轻长辈照顾他们的负担。在这样的情况下，有些孩子无形中长成"巨婴"，虽然看起来已经长大，实际上心态还接近于婴儿。也有些孩子不懂得感恩和理解父母，总是肆无忌惮地啃老，导致父母不堪重负。

前些年的网络新闻报道，有大学生因为不会铺床而不得不整夜地坐在硬铺板上，也有的大学生因为从未见过带壳的鸡蛋，所以看着鸡蛋束手无策。对于这样的大学生，人们在感慨他们高分低能的同时，也不由得反思：到底是什么原因导致孩子出现这样的情况呢？认真分析家庭教育现状，我们会发现，孩子之所以缺乏自理能力，自身的原因只占据很小的比例，而更大的原因是，父母对于孩子的溺爱。在陪伴孩子成长的过程中，很多父母跟不上孩子成长的速度，明明孩子已经长大成人，父母却依然认为孩子还小，继续给予孩子无微不至的照顾。这样明显的滞后性，导致父母总是全方位照顾孩子，也无形中剥夺了孩子尝试做事情的机会和权利。要知道，孩子各方面的能力并非与生俱来的，而是要在后天成长过程中通过不断练习才能形成的。所以父母在剥夺孩子做事情的机会时，也就阻碍了孩子的成长。遗憾的是，迄今为止依然有很多父母没有意识到溺爱给孩子带来的伤害，他们总是竭尽所能地为孩子做事，丝毫没有想到孩子在成长的过程中真正需要的养分是什么。

明智的父母要从现在开始有的放矢地增强孩子的自理能力。具体来说，应做到以下几点。

首先，独立的孩子自理能力更强。孩子两三岁时，自我意识越来越强，父母要抓住这个时期，培养孩子动手做事的能力。偏偏有些父母觉得孩子太小，能力有限，什么事情都做不好，因而从来不让孩子做任何事情，那么错过了这个敏感期，孩子的自理能力发展就会落后很多。

其次，让孩子养成自己的事情自己做的好习惯。孩子之所以非常依赖父母，就是因为他们习惯了接受父母的照顾，也习惯了享受父母为他们安排好的一切。父母要培养孩子的责任感，只有让孩子养成自己的事情自己做的好习惯，在未来成长的过程中，孩子的责任心才会越来越强，这对于孩子的成长是很有好处的。

最后，父母即使再爱孩子，也不可能照顾和保护孩子一辈子。孩子终究要长大，没有人能够阻碍孩子成长的脚步，所以父母也要随着孩子成长的节奏，有目的地发展孩子各个方面的能力，锻炼孩子的内心。唯有如此，孩子在走入社会之后，才能承受各种各样的压力，才能够真正成为人生的强者。记住，父母对孩子最好的爱，是及时对孩子放手，在还有能力支持孩子的时候，看着孩子蹒跚学步，最终独立畅行于人世。否则等到父母老去，需要孩子的照顾时孩子却连照顾自己都做不到，不得不说这对于孩子的人生而言必然是致命的打击。

当丢失了心爱的东西怎么办

有一天放学回到家里，乐乐愁眉不展，噘着嘴巴，看起来特别不开心。要知道，乐乐一直都是开心果啊，为此妈妈看到乐乐的样子很惊讶，赶紧追问乐乐发生了什么事情。在妈妈的再三追问下，乐乐才说："妈妈，我可以告诉你，但是你不要批评我啊！"妈妈心中陡然一沉：乐乐到底犯了什么错呢？妈妈很着急，乐乐吞吞吐吐地说："妈妈，我的手机丢了。"听到这句话，妈妈悬着的心放下来：只是丢了手机，幸好没有其他事情。当然，妈妈没有把心中的释然说出来，她知道乐乐有粗心大意的坏习惯，正好借此机会教训乐乐，让乐乐吃一堑长一智。

妈妈问："在学校里，手机又不会拿出来，怎么会丢了呢？"乐乐眉头紧皱："我也不知道是什么时候丢的。今天上学的路上，我突然想到自己要过生日了，又因为时间还早，所以在路上停留了几分钟，在淘宝上为自己挑选生日礼物来着。"听到乐乐这么说，妈妈不由得勃然大怒："我几次三番叮嘱你走路的时候不要看手机，要专心看路，你居然看手机？"乐乐解释道："我是停在路边看的。"妈妈气愤地说："停在路边看也不可以。你原本丢了手机就是犯错，居然还在路上看手机，我觉得你必须接受惩罚。当然，从另一个角度来说，你只是丢了手机，人没有受到伤害，这也是值得庆幸的。"乐乐听着妈妈的话，眼泪簌簌而下。妈妈突然意识到一个严重的问题，对乐乐说："我问你一个问题，是丢手机衍生出来的问题，如果你回答正确，我也许可以把对你惩罚的期限缩短。"乐乐看着妈妈，妈妈一字一句地问乐乐："如果妈妈给你买部新手机，但是又丢了，你在放学快到家时发现手机不见了，你会怎么做？"乐乐不假思索地回答："当然要去找啊，如果我知道是在放学路上丢的。"妈妈显然对这个回答不太满意，继续问乐乐："那么如果你回去找了之后，没有找到呢？"乐乐不知道该如何回答，沉思良久，才说："我得回家。"妈妈问："你觉得，你应该在几点之前回家？"

妈妈的提示已经非常明显了，乐乐说："我要在爸爸妈妈下班之前回家，否则爸爸妈妈就会很着急。"妈妈这才如释重负："对的。手机再重要，也没有你重要，所以不要因为丢了新手机就四处寻找，害怕得不敢回家。否则，天黑了，爸爸妈妈回家看不到你，打你手机又不通，一定会非常着急。好吧，看在你还算机灵的分儿上，我原本准备一年之后再给你配备手机，现在可以缩短到半年之后给你买手机。但是你要注意，最好不要擅自回头找手机，而是要先联系爸爸妈妈，和爸爸妈妈一起找手机。"乐乐会意地点点头。

如今的家庭教育中，父母对于孩子的生命本位教育有所欠缺，所以事例中的妈妈根据乐乐丢手机事件，及时对乐乐开展生命本位教育，也明确告诉乐乐在爸爸妈妈的心目中，只有他才是最重要的，这是一次非常成功的生命本位教育。很多父母不管孩子犯什么错，都会第一时间批评和指责孩子，而完全不管孩子所犯的错误性质如何，更不会理性为孩子分析如何避免再犯同样的错误。这么做的严重后果是，孩子往往觉得在父母心目中，他们没有具体的东西重要，也导致孩子把自己看得太轻。

小学生的自我控制能力有限，理性思维能力也没有发展成熟，所以在教育小学生的过程中，父母一定要把握原则，需要与孩子说清楚的话、表明的态度，一定要做到位，让孩子准确知道父母的想法。如果孩子误以为父母更看重东西，而他们又丢了贵重的东西，会吓得不敢回家也说不定。

有些孩子比较惜物，在丢了贵重的东西之后，即使父母没有责备他们，他们也会非常难过，甚至因此而郁郁寡欢。每当孩子这样的时候，父母要教会孩子随缘，让孩子知道发生的事情已经成为过去，变成不可改变的历史，不管孩子多么懊丧，都无法改变。这样，孩子才能及时摆脱负面情绪，才能帮助自己恢复平静。当然，在此过程中父母要把握好度，既让孩子吸取教训，也让孩子学会释然，这样孩子才能正确面对人生中的得到和失去，才能维护平静的心绪，在现实生活中有更好的成长。

教会孩子制作美食

这个暑假，妈妈决定对乐乐开展烹饪培训，这是因为乐乐已经十岁了，但是一直以来习惯于吃现成的，就连为自己煮泡面都不会。有一次，爸爸妈妈要加班，乐乐独自待在家里，妈妈担心点外卖不安全，就让乐乐用电煮锅煮鸡蛋吃。结果，乐乐因为在电煮锅里放水太少，又因为忘记锅里还煮着鸡蛋，导致跳闸。此后，妈妈意识到只盯着乐乐的学习远远不够，还要教会乐乐基本的自理能力。

学习制作美食，万里长征始于足下，妈妈决定从教乐乐煎鸡蛋开始。在真正实操之前，妈妈给乐乐讲解了煎鸡蛋的流程，乐乐把流程记在心里，成竹在胸地说："这么简单，我一定一次就能成功！"妈妈提醒乐乐："不要轻敌啊，这么骄傲，小心失败呢！"乐乐按照妈妈所说的把锅烧热，但是锅里的水汽还没彻底烧干，乐乐就迫不及待在锅里倒入油。结果，油遇到水马上四处飞溅，乐乐不得不拿起锅盖当"盾牌"，挡住热油。但是，乐乐一只手没有办法打鸡蛋到锅里，眼看着油就要冒烟了，他手忙脚乱赶紧关掉火。然后再放下锅盖，把鸡蛋打碎，倒入锅里。但是，没有了火的加热，鸡蛋黏到锅底。就这样，鸡蛋有的地方还没有熟，有的地方已经煳了，而且锅底还粘着一些鸡蛋清理不下来。乐乐的第一次煎鸡蛋，以失败告终。乐乐感慨地说："妈妈，我每次看到你煎鸡蛋，都觉得煎鸡蛋是最简单的活，没想到这么难啊！"妈妈笑着说："熟能生巧，妈妈第一次煎鸡蛋的时候，还不如你呢，慌张得都忘记朝锅里倒油了！"听了妈妈的话，乐乐不由得哈哈大笑起来。

后来，在妈妈的指导下，乐乐煎了几次鸡蛋，一次比一次好，最终能够成功地煎鸡蛋。妈妈欣慰地说："通过了煎鸡蛋这道入门菜的测试，接下来你才可以学习其他的菜。"乐乐兴奋不已，说："好啊，妈妈，等我学会，我就做饭给你和爸爸吃！"

几十年前的孩子，十岁前后就可以帮助家里干活挣工分了，做饭炒菜更是轻车熟路，如今的孩子锦衣玉食，被父母娇惯着，照顾自己都做不到，谈何帮助父母做家务呢！其实，孩子能力低，也不完全怪孩子，而是因为很多父母只顾着督促孩子学习，而忽略了对孩子自理能力的培养，也缺乏对孩子的信任，不相信孩子能做好很多事情。因而要想培养孩子的自理能力，父母就要正确地认知与评估孩子的能力，从而根据孩子的能力发展有的放矢地引导孩子，激励孩子成长。

当然，对于孩子而言，做饭的确是一件危险的事情，这是因为厨房里有水、火和电，可以说，水、火和电都是无情的东西，都会给孩子带来危险。此外，厨房里还有非常锋利的刀具，孩子一不小心就有可能割伤自己，为此，父母在教会孩子烹饪技术之前，先要教会孩子安全地使用厨房里这些危险的用品，也可以给孩子讲解一旦在厨房里发生危险情况应该如何面对，在孩子能够保证自身安全的情况下，再把厨房交给孩子,让厨房成为孩子的训练场。举例而言,如果油着火,是用水灭火还是用锅盖灭火,这是孩子需要知道的;当燃气出现泄漏情况,第一时间应该怎么做;当电线出现短路情况,第一时间应该怎么做。这些涉及安全的问题,都是需要孩子明确处理方案的。

教孩子烹饪,要循序渐进,由易到难。父母要知道,孩子的成长不是一蹴而就的事情,而孩子学习烹饪的目的也不是成为一个大厨。只要孩子掌握基本的烹饪技巧,可以进行家里的烹饪,能够照顾自己,就已经非常不错了。当孩子烹饪技术提升,父母还可以教会孩子掌握正确的食材搭配方式,这样,孩子的烹饪水平也会水涨船高。常言道,技多不压身,也许不知道什么时候,孩子的烹饪技巧就会隆重登场,发挥作用,所以父母既不要对孩子的烹饪技术提出过高要求,也不要对于孩子的烹饪能力完全不放在心上。父母恰到好处的态度,是孩子顺利掌握烹饪技巧的关键。

让孩子练就"火眼金睛",远离伤害

到了暑假,妈妈给乐乐报名参加了补习班和兴趣班。因为在此之前,妈妈一直负责接送乐乐上补习班和兴趣班,而现在妈妈已经开始全职工作,没有办法像以前一样接送乐乐,所以妈妈重点锻炼乐乐独自上学和放学的能力。其实,当要对乐乐放手的时候,妈妈最担心的就是安全问题。一则是道路上车水马龙,要让乐乐保证交通安全;二则是现在的坏人太多,而坏人的脸上又没有刻字,所以妈妈认为当务之急就是教会乐乐保证自己的人身安全。

在暑假到来之后的第一个星期里，妈妈没有为乐乐安排课程，而是抓住这个时间对乐乐展开安全教育，提升乐乐的安全意识。先是交通安全，妈妈准备了一些交通标志，对乐乐进行安全教育，还让乐乐熟练背诵交通安全歌。后来，妈妈在乐乐不知情的情况下，跟随独自上学和放学的乐乐，确定乐乐的交通意识还是很强的，终于放下心来。交通安全过关之后，妈妈又对乐乐开展人身安全教育，帮助乐乐防范坏人。通过对乐乐的测试，妈妈发现乐乐虽然很机灵，但是对于坏人有多坏显然缺乏了解，所以妈妈从网络上找了很多坏人行骗的经典事例讲给乐乐听，让乐乐引起足够的警惕，形成强烈的安全意识。

　　终于，到了乐乐独自去上课的日子。妈妈委托单位里的一个同事对乐乐进行考验。乐乐并不知道这个人是妈妈单位的同事。在乐乐放学走向公交车的路上，这个同事走到乐乐身边，问："小朋友，请问百家超市怎么走？"乐乐觉得这个阿姨说话的时候距离自己太近，想到妈妈说有些坏人会用迷药，因而赶紧后退一步，距离阿姨远一些。然后，乐乐警惕地给阿姨指路，就准备离开。阿姨请求乐乐："小朋友，我是外地人，对地形不熟，还转向，分不清楚东西南北，你可以给我带路吗？"乐乐一愣："上课第一天就遇到骗子，不会这么倒霉吧！"这么想着，乐乐的眼珠子咕噜噜一转，对阿姨说："阿姨，我没有时间把你带去百家超市，不过我知道前面有个公安岗亭，我想警察应该可以帮您。"这么说完，同事忍不住笑起来，夸赞乐乐："你这个小家伙，安全意识还挺强的嘛！"

　　回到家里，针对乐乐的表现，妈妈进行询问，当然，妈妈并没有暴露同事的真实身份，因为担心以后乐乐会把别有用心的人都当成是妈妈派来的。乐乐很得意地把自己的出色表现告诉妈妈，妈妈对乐乐竖起大拇指说:"的确很棒!不过,我建议你还是不要和陌生人搭讪,因为一旦你开始和陌生人搭讪,很有可能被陌生人套路。要知道,现在的骗子和坏人花招挺多。"乐乐点点头。

新生儿从呱呱坠地开始,就在父母的陪伴下健康快乐地成长,父母也习惯了给予孩子全面周到的保护和照顾。因而当孩子长大,要离开父母的身边去面对外部的世界,以及复杂的人和事时,除了孩子会感到面临挑战之外,父母也会倍感压力。

明智的父母,不会等到孩子必须离开父母身边的时候才仓促对孩子展开安全教育,而是会未雨绸缪,在孩子还小的时候,就对孩子展开教育,从而潜移默化地影响孩子,帮助孩子形成扎实的安全意识。正如人们常说的,安全教育一定要警钟长鸣,安全这根弦更是要时刻绷紧。不仅孩子如此,父母对孩子进行安全教育也要如此。如今,在电视节目上,经常会揭穿一些骗局,父母可以陪着孩子多看看,让孩子见多识广。不得不说,现在的很多骗子的确是非常高明的,也不乏高智商的骗子让人防不胜防,所以父母在教育孩子的时候也要与时俱进,教会孩子最新的防骗策略和手段。

除了让孩子注意防范现实生活中的坏人之外,还要教会孩子防范电话诈骗、沿街乞讨等诈骗行为。其实,防范孩子破小财还是次要的,最主要的是要让孩子远离坏人,以免受到身心伤害。当孩子练就"火眼金睛",父母才能真正对孩子放手,给予孩子更大的自由空间。

户外环境中，孩子要会使用地图

学校里发布通知，周五要带孩子们去爬山。因为爬山的难度和危险系数都比较大，为了给乐乐作好爬山的准备，爸爸拿出家中的指南针、求救口哨等，还为乐乐准备了一份地图。当然，只有这些装备是不够的，乐乐还要学会使用这些装备，才能在户外活动中保证自身的安全。为此，爸爸对乐乐开展速成培训，不但教会了乐乐使用这些户外装备，还告诉乐乐一旦遇到紧急情况要如何应对。

果然，在次日春游的时候，地图发挥了重要作用。乐乐所在的小队和英语老师一起爬山，但是爬着爬着，他们偏离了上山的道路，不小心迷路了。这个时候，乐乐拿出随身携带的地图，又根据定位仪确定了自身的位置，再结合地图，确定接下来要朝哪个方向走，才能回到既定轨道上。对于乐乐的表现，英语老师由衷地竖起大拇指。

在野外环境中，学会使用地图是很重要的，尤其是在迷路等紧急情况下，地图可以帮助我们回到正确的道路上。但是，要想正确使用地图，就必须学会识别地图，如果以错误的方式使用地图，反而会距离正确的道路越来越远，也使得迷路的情况更加严重。有的时候，搞错方向，还会导致南辕北辙，根本不可能到达目的地。所以父母要教会孩子辨识方向，也要告诉孩子如何使用地图，这样孩子才可以在紧急情况下利用地图作为求生工具，确定安全的行走路线，也保证自己距离既定的目标越来越近。

第一个方法，教会孩子认识地图。如果孩子只认识地图，而不能根据自己的观察绘制出行走路线，那么他们就无法把目的地与自己的行走路线结合起来。这样，孩子一旦迷路，就不知道自己身在何处，也就无法根据地图的指示判断自己所在的方位找到正确的道路。在野外，环境非常复杂，孩子应该在行走途中记住身边的标志物，帮助确定定位。其次，孩子们在开始活动之前，就应该为自己划定活动的区域和边界，在活动过程中，要远离危险的边界，也要保证自己在划定的区域内展开活动。在这种情况下，即使迷路，也不会偏离正道太远，因而不管是折返还是寻找新的道路，都相对容易。

第二个方法，教会孩子认识等高线地图。如今，在野外活动中，使用起来最为便捷的就是等高线地图。父母可以为孩子准备一份等高线地图，教会孩子识别等高线地图。和普通的平面地图以线条为主不同，在等高线地图上，除了线条之外，还有颜色。曲线间距越是开阔，意味着地势越平缓。相反，曲线间距越是狭窄，就意味着地形越陡峭。大概等高线呈现出丫形，则说明标识的地方有水沟和山谷；等高线呈现出封闭的圈，则意味着标识的地方属于低洼地带，或者是凸起的山峰。

等高线地图上的颜色也有很明显的规律分布。越是海拔高的地方，颜色越深；越是海拔低的地方，颜色就越浅。陆地上的颜色是以棕色为基调，随着海拔高低进行深浅变化的。那些有终年积雪的地方，则变成白色，且以虚线来作为白色块的边沿。当然，当海拔特别低的时候，颜色还会标识为绿色，在海平面，则会以蓝色作为标识。这些琐碎的内容，父母都要告知孩子，这样孩子在使用地图的时候才能游刃有余。

使用地图，是孩子在户外活动中一项必备的技能，父母一定要引起足够的重视，督促孩子掌握地图的使用技巧，这样才能让孩子在户外生存中有更好的表现。

培养和提高孩子的财商

每年春节，乐乐都会收到几千元的压岁钱，平日里，奶奶每个月还会给乐乐一百元零花钱。为此，乐乐是家里不折不扣的小大款。但是，乐乐的小大款身份只能维持短暂时间，有的时候寒假还没有过去，乐乐的压岁钱就已经花光了。这是为什么呢？

原来，妈妈平时控制乐乐买玩具，所以一拿到压岁钱，乐乐就会马上把自己一年里想要而又没有买的玩具全部买回家。一下子有了这么多玩具，他玩一会儿就会感到厌倦，不愿意继续玩下去。但是，那些压岁钱已经一去不返了。今年春节，才拿到压岁钱，表姐就问乐乐："乐乐，你攒了多少钱了？"乐乐看着表姐，有些茫然："我没有钱啊！"表姐不屑一顾地撇嘴说道："你怎么可能没有钱呢，你每年和我收到的压岁钱都差不多啊！告诉你，我已经有一万多元了！"听了表姐的话，乐乐半天没有合拢嘴巴。他问表姐："你是如何积攒这么多钱的呢？"表姐笑着说："当然是攒的压岁钱、零花钱。我还让妈妈给我购买理财产品，也会有利息。"只比表姐小一岁的乐乐很惊讶，回到家里，把这件事情告诉妈妈，问妈妈："妈妈，你可以帮我购买理财产品吗？表姐都成真正的大款了。"妈妈说："当然，只要你想理财，也有财可理，妈妈会帮你的。"这一年，乐乐控制住自己买玩具的欲望，坚持把压岁钱存起来。半年之后，妈妈帮乐乐购买的理财产品到期了，乐乐还收获了几十元钱的利息呢！

压岁钱在父母眼中很少，但是在孩子眼中则是一笔"巨款"。为此，父母一定要积极地引导孩子学会理财，也要帮助孩子形成正确的消费观念。很多孩子没有金钱观念，是因为他们不知道父母挣钱有多难，更不知道每一分钱都来之不易，这种心理是很危险的，因为很容易导致孩子挥霍和浪费金钱。因而要想培养孩子的财商，父母首先要告诉孩子金钱得来不易，也要告诉孩子必须坚持合理消费，甚至可以给孩子机会尝试挣钱，让孩子切身体会挣钱的辛苦，这都是非常重要的。

当然，凡事皆有度，过度犹不及。如果父母对孩子过分强调金钱的重要性，也会导致孩子把金钱看得太重，一旦孩子形成金钱至上的思想，对于孩子的成长也是极为不利的。所以父母要把握好金钱教育的度，才能保证孩子树立正确的金钱观，也帮助孩子拥有良好的金钱意识。

对于孩子而言，要想学会理财，第一步就是学会储蓄。因为理财的基础就是拥有一定的金钱，如果没有储蓄作为基础，即使有理财的意识也没有用。现代社会很多年轻人都是"月光族"，就是因为他们没有储蓄的意识，也没有养成良好的理财观念。父母要从小就教育孩子合理储蓄，也要帮助孩子养成积攒压岁钱的好习惯，这样，孩子才会从小就树立金钱观念，拥有储蓄意识，也成功地驾驭金钱。

常言道，你不理财，财不理你。很多父母都觉得现在教孩子理财还为时尚早，因为孩子根本无财可理，只有一些压岁钱和零花钱。其实，父母这样的观念是错误的，因为对于孩子而言，压岁钱和零花钱也是一笔"巨款"。所以父母一定要积极地培养孩子的财商，让孩子学会管理和分配压岁钱，引导孩子成为金钱的主人，而不是被金钱奴役。

引导孩子合理消费、正确购物

乐乐此前没有积蓄意识，总是在拿到压岁钱的时候就把压岁钱都用于买玩具，所以在得知表姐居然有一万多元的存款时，乐乐被惊到了。此后，乐乐就从豪掷千金变成抠抠搜搜，一点儿都舍不得花钱，总是把钱节省下来。就连那些生活必需品，乐乐也能省就省。

有一次，乐乐的红领巾丢了，他上学的时候带了十元钱准备买红领巾，结果只花了一元钱就买了一条红领巾。回到家里，乐乐兴致勃勃地跟妈妈炫耀，妈妈担心地说："这条红领巾太便宜了，也许质量不好。"乐乐反驳妈妈："你这个购物狂人在网上买东西的时候，不也总是买便宜的吗？"妈妈摇摇头说："妈妈可不是便宜无底限啊。我买的都是品牌的东西，都是有质量保证的，只是赶着促销打折季购买，这样才能保证物美价廉。我和你盲目追求低价是不同的。"果然，没过几天，乐乐的红领巾就因为开线没法戴了。妈妈趁机教育乐乐："看看吧，你原本是想节省一元钱，结果因为贪便宜买到了劣质的红领巾，现在还得再买红领巾，所以反而是浪费了钱。"乐乐得到这次教训，真正理解了妈妈所说的性价比是什么意思。再买东西的时候，他不但做到看重商品的质量，而且总是货比三家，争取花相对少的钱买到质量同样好甚至更好的东西。妈妈这才由衷地对乐乐竖起大拇指，夸赞乐乐精打细算，是真正的购物达人。

要引导孩子合理消费，父母要从根本上做起，和帮助孩子形成理财观念一样，首先要孩子认识到金钱的价值和意义。如今的孩子，衣来伸手，饭来张口，从小就衣食无忧，因而不知道金钱的重要性。不仅小学生如此，一些中学生甚至大学生，也只知道没钱了就找父母，而不知道要有节制地消费。在购买东西的时候，他们只凭着自己的喜好，而根本不管东西是贵还是便宜，也不管东西买得值不值。很多孩子都不知道性价比的含义，自然也就不会做到货比三家，更不明白父母挣钱的辛苦。

当然，这也不是说对于金钱就一定要本着节省的态度，毕竟有些钱是可以节省的，而有些该花的钱是不能节省的。很多父母因为疼爱孩子，一直以来都坚持像对待婴儿那样，把该买的东西都买回家供孩子使用。殊不知，如果孩子直到离开父母身边都不会理性购物，那就是家庭教育最大的失败之一。父母不但要照顾好孩子的吃喝拉撒，关注孩子的心理和情绪状态，也要教会孩子正确购物，并且让孩子学会理性消费。不得不说，当父母实在是任重道远，因为孩子成长过程中的一切问题，几乎都可以追根溯源到父母身上。

从培养孩子独立能力的角度来说，给孩子一定的钱，让孩子独自去购物，是帮助孩子尽快走入社会，形成金钱观念和消费观念的好方法。记得一个网络段子说，城市里的孩子听说山区的孩子没有饭吃，居然质问山区里的孩子为何不吃面包。这从侧面反映出，城市里的孩子习惯了家里吃的喝的一应俱全的状态，甚至觉得家里的一切都是从天上掉下来的，而不是用钱买来的。这样的孩子怎么可能做到合理消费、正确购物呢？正因为如此，很多小学生在花钱的时候才会连眼睛都不眨，在日常生活中也总是肆无忌惮地浪费各种生活物资。

一个孩子，不管学习成绩多么好，如果是生活上的低能儿，他们的成长就会受到禁锢。具体来说，一个人就算挣钱再多，如果因为没有正确的金钱观念而挥霍金钱，就不能管理好自己的生活。父母在消费方面，要从以下几方面引导孩子。

首先，父母要引导孩子合理消费、正确购物。父母要引导孩子在购物之前明确自己要购买的东西，也可以指导孩子列出一份购物清单，让孩子把应该购买的东西都写到清单上，进入超市之后直奔主题，既可以避免疏漏，也可以避免买了多余的、不需要的东西。

其次，父母要教会孩子在购物时比价。例如，孩子要买的一款东西，还有其他的替代品，而且比这个东西更便宜，质量也差不多，那么在预算紧张的情况下，孩子就该有所取舍，作出理性的选择。

最后，父母要教会孩子讨价还价。卖家和买家对于价格的预期是截然不同的，例如，买家希望价格越便宜越好，而卖家则希望价格越贵越好，这样才能赚取更多的利润。教会孩子讨价还价，这既是省钱的好办法，也可以帮助孩子增强表达能力，让孩子学会与人沟通，可谓一举数得。

总而言之，在现代社会中生存，金钱不是万能的，没有钱却是万万不能的。作为社会通用的流通货币，金钱在现代人的生活中扮演着越来越重要的角色，也起到不可替代的作用。我们一定要引导孩子正视金钱的重要作用，也要帮助孩子树立正确的金钱观念，避免孩子形成金钱至上的错误观念。

第 8 章
培养抗压能力，让孩子在挫折中学会坚强

如今，孩子承受挫折的能力越来越差，这是因为他们从小娇生惯养，已经习惯了接受父母无微不至的照顾和全心全意的爱，习惯了衣来伸手、饭来张口地享受一切。父母要有意识地增强孩子的抗压能力，让孩子在挫折和磨难中学会坚强，成为人生真正的强者。

让孩子坚强勇敢

有段时间,豆豆变得特别胆小,这让爸爸妈妈非常苦闷:豆豆已经上三年级了,为何还这么胆小呢?一个周末,爸爸妈妈带着豆豆去商场里玩耍,正好遇到商场里进行儿童拓展游戏,很多小朋友都绑着安全绳,在三层高的平台上挑战自我。按照游戏项目的规定,超过一米二的孩子就可以上第一层平台,而一米三四的孩子则可以上第二层平台和第三层平台。豆豆已经一米四多了,完全可以玩,但是他根本不敢。

爸爸一直在鼓励豆豆挑战自我,妈妈却有些疑虑:"这么高,那个安全绳结实吗?不会掉下来吧!"原本在爸爸的鼓励下,豆豆已经跃跃欲试,但是一听到妈妈这么说,豆豆又有些犹豫。爸爸忍不住批评妈妈:"你能不能不要跟着拖后腿啊!你这么一说,孩子更胆小了!"妈妈也很委屈:"你平日里又不负责带孩子,这要是摔了碰了,可怎么办!"最终,在妈妈的忧虑声中,豆豆放弃了攀高。

不得不说,豆豆的胆小怯懦和妈妈有密不可分的关系。原本,在爸爸的鼓励下,豆豆已经决定攀登,但是正在豆豆犹豫不决之际,妈妈的一番话又让豆豆陷入迟疑之中,最终在爸爸妈妈的争吵之中,豆豆还是放弃了攀登。不得不说,很多孩子的胆小与带养者过分小心谨慎有着密不可分的关系,正因为如此,有心理学家才提出爸爸作为男性力量的象征应该多多和孩子相处,帮助孩子增强心理上的力量,这对于孩子的成长是很有好处的。

近些年来，中小学生以及大学生，甚至是研究生、博士生和留学生自杀的事件时有发生。突如其来的自杀事件让人根本来不及做出预防措施，青春的生命就戛然而止。人们在感慨如今的孩子压力大的同时，也不由得感到困惑：如今的孩子到底怎么了？为何根本不能承受挫折和压力，哪怕遇到小小的不如意就会选择结束生命呢？如何培养孩子坚强勇敢的品质，已经成为很多父母需要面对的问题。

孩子并非生而勇敢，也并非生而脆弱。父母要想让孩子成为人生的强者，就要有的放矢地引导孩子，从孩子小的时候，就培养孩子对抗压力和承受挫折的能力。唯有如此，孩子才能循序渐进地成长，才能变得更加坚强勇敢。

很多父母都把孩子看得非常小，觉得孩子能力很弱，心理上非常脆弱，因而对于孩子无法作出正确的评价和对待。殊不知，孩子小小的身躯里蕴含着的力量远远超出父母的想象。只要父母正视孩子，也循序渐进通过锻炼的方式增强孩子的承受能力，孩子就会创造出成长的奇迹。所以说，孩子本身并不弱小，是父母的溺爱与轻视，让孩子变得弱小。父母总是以为他们必须承担起照顾孩子的重任，哪怕孩子已经不断成长，从襁褓中的婴儿变成了半大的小伙子，依然给予孩子无微不至的关爱和照顾。不得不说，正是父母跟不上孩子成长的节奏才让孩子不知不觉中习惯了父母的照顾，无法从容地在成长的过程中随着能力的增强，不断地壮大。

记住，任何时候，孩子面对困难，到底是采取勇敢的姿态，还是持续怯懦，很大程度上取决于父母对待他们的态度。父母不要用爱禁锢孩子的成长，也不要以照顾为由贬低孩子的能力。只有正视孩子的成长，真正地尊重和平等对待孩子，有的放矢地引导孩子以更强的姿态面对生活的不如意，才能让孩子不断长大，勇敢攀登人生的高峰。记住，没有人是天生的强者，孩子的强大离不开父母的支持和帮助，尤其是在小的时候，父母更是孩子信心和力量的源泉。

孩子要有热情的人生态度

丹丹是个非常内向敏感的女孩，特别害羞，甚至连家里来亲戚，她都不好意思向亲戚问好，更别说与陌生人相处了。因为性格原因，丹丹在学校里和同学们的相处也很不顺利，甚至会故意躲避同学，不愿意和同学搭讪或沟通。丹丹也因此变得越来越孤独，看着丹丹的样子，爸爸妈妈都很担心。

有段时间，爸爸妈妈发现丹丹和同桌相处得比较好，感到非常高兴。丹丹的同桌性格开朗，在班级里人缘非常好，还经常作为组织者，组织同学活动呢！在同桌的影响下，丹丹渐渐地打开心扉，也经常接受同桌的邀请，参加同学们的活动。爸爸妈妈发现丹丹脸上更加频繁地现出笑容，人也变得轻松起来。

一般来说，大多数小学生都是比较外向且热情的。他们心思简单，感情细腻而又敏感，对于人际交往有着很大的热情，为此他们很容易与身边的同学、朋友打成一片，也在人际交往中逐渐变得成熟起来。从成长的角度而言，与同龄人相处可以极大促进孩子的内心发展，也可以让孩子学会融入人群，更好地与身边的人相处，也让人际关系变得越来越好。

当发现孩子非常内向沉默且孤独的时候，父母不要紧张，因为孩子的性格虽然受到先天因素的影响很大，但是后天的成长对于孩子性格的形成才是最具决定作用的。只要父母为孩子营造良好的生存环境，也为孩子的成长提供更多的助力，让孩子能够主动释放内心的热情，孩子的内向性格就会有所改善。

在同龄人中，热情开朗的孩子总会拥有好人缘，他们很容易就能成为众人关注的中心，也会以快乐的情绪感染身边的人。具体而言，父母要想让孩子拥有热情开朗的好性格，首先要避免总是对孩子讲一些空洞的大道理。随着孩子不断成长，他们渴望与父母的相处模式有所突破和创新，很多父母习惯了从小就对孩子进行道理的说教，虽然孩子长大了，他们却依然难以改变与孩子的相处模式，这会激起孩子的逆反心理，也会对孩子的成长造成阻碍。其次，常言道，读万卷书不如行万里路。人生经历的增加不但有助于开阔孩子的眼界、增长孩子的学识，也有助于拓宽孩子的心胸，让孩子对人生更加充满希望和热情。尤其是在旅游的过程中，还可以丰富和充实孩子的心灵，帮助孩子养成积极乐观的心态，这对于孩子的成长是非常有好处的。最后，要让孩子经常与充满正能量的人相处。正如人们常说的，父母是孩子的第一任老师，孩子从刚出生就在父母无微不至的照顾下成长，为此他们很容易受到父母言传身教的影响。有相当一部分父母本身性格内向，那么为了帮助孩子养成外向开朗的性格，父母就要有意识地改变自身性格，争取给予孩子积极正向的引导。此外，当孩子不断成长，走出家门，走入校园，与更多的老师和同学相处时，父母就要鼓励孩子尽量与性格开朗的朋友相处。所谓近墨者黑，近朱者赤，如果孩子总是与那些性格内向、郁郁寡欢的孩子相处，他们也会不知不觉间受到影响。总而言之，身边的人对于孩子的性格养成会起到潜移默化的作用，所以，父母一定要为孩子营造良好的成长氛围，也对孩子的性格养成持续地产生积极的作用。

小学生才刚刚踏足人生，走向社会。在此之前，他们在父母无微不至的照顾下成长，很少接触生活的磨难和挫折，随着不断长大，他们会越来越深入地接触社会，也会认识和交往更多的人，面对生活的不如意，只有拥有积极热情的性格，才能面对人生的一切考验，兵来将挡、水来土掩，更加坦然从容。

面对抉择，孩子要果断

四年级开学没多久，学校里开始统计报名兴趣班的情况。豆豆既想报名参加绘画，也想报名参加打鼓，但是因为绘画和打鼓的上课时间是冲突的，所以他只能从这两者之中取其一。思来想去，豆豆都无法果断地作出决定。为此，豆豆只好对妈妈说："妈妈，你帮我决定吧，你让我报名哪个兴趣班，我就报名哪个兴趣班。"妈妈看着豆豆迟疑不定的样子，情不自禁皱起眉头，对豆豆说："豆豆，这只是一个小小的选择，妈妈相信你可以做好。如果你连这个选择都不能果断作出，以后面临更多的人生选择，又该如何取舍呢？"豆豆还是不知道该选择什么，妈妈提醒豆豆："如果你实在不知道应该如何选择，不如把这两个兴趣班的优势和劣势都列举出来，分析之后再作出判断。"在妈妈的提醒下，豆豆采取列举的方式，最终选择了得分更高的打鼓。

妈妈语重心长地对豆豆说："豆豆，这个选择不是很着急，你可以慢慢地想。以后，你所面临的选择也许很急迫，那么你必须快速地想清楚自己想要什么、不想要什么，以便有效地调整自己的状态，果断作做出决定。记住，人生路上有些选择甚至没有思考的时间，所以你要从现在开始就增强自己果断选择的能力，将来在需要作出选择的时候，才可以冷静地去面对。"豆豆对妈妈的话似懂非懂，沉思良久才点了点头。

小学生因为人生经验的限制，常常把很多事情都看得很重，做选择的速度非常慢。在这种情况下，父母不要过度催促孩子，而是可以对孩子提出合理建议，帮助孩子理性作出选择。如果父母过度干扰，孩子选择起来反而更加困难。

有人说，人生就是由一次又一次选择组成的，这句话其实很有道理。仔细想来，人生中无时无刻不在面临选择，孩子在年幼面临选择时，都是父母代劳完成。那么随着孩子不断成长，拥有自己的思想和意识，他们也渐渐形成主见，面临选择的时候，他们就要自己进行抉择。有能力进行选择和果断选择之间，还有着漫长的路需要走。在培养孩子的抉择能力时，父母一定要多多给孩子机会去亲自作决定，而不要总是不由分说就为孩子代劳，导致孩子缺乏锻炼，选择能力自然无法得到发展。

培养孩子的抉择能力，除了给孩子选择的机会去练习之外，父母还要以身示范，给孩子做出好榜样。众所周知，父母对孩子的影响是非常强大的，如果父母在选择的时候就总是优柔寡断，则孩子无形中就会受到父母的影响，也变得迟疑不定。反之，如果父母在选择的时候总是能够当机立断，那么孩子也会变得坚定勇敢。由此可见，父母对于孩子的影响是非常大的，父母的思维方式和决断能力，也会给孩子带来潜移默化的影响。所以父母作为孩子的第一任老师，也作为与孩子最亲密接触的人，在与孩子相处时一定要给孩子树立积极的榜样作用，从而给予孩子正能量的灌输。

具体而言，父母要想锻炼孩子的决断力，除了要对孩子言传身教，给孩子做好榜样之外，还可以通过规定孩子在限定时间内完成某件事的方式，让孩子提升速度。如今，很多孩子都有拖延的坏习惯，限定时间对于孩子来说也可以有效地防止拖延。对于每个人而言，时间都是宝贵的，唯有当机立断利用好时间，孩子才会有更好的发展和成长。也可以说，只有真正能够把握时间的人，才是生命的主人。

还有些父母在陪伴孩子成长的过程中，总是批评和否定孩子，导致孩子对自己的人生失去信心。实际上，每个孩子既有优点也有缺点，父母要想真正悦纳孩子就要以辨证的眼光看待孩子，也以宽容的心容纳孩子。毕竟孩子还小，还有很大的成长空间，所以父母要激励和肯定孩子，从而帮助孩子健康快乐，主宰人生。正如《明日歌》里所唱的，人生是经不起蹉跎的，每个孩子都要在成长的过程中不断地努力和进步，才能最大限度激发生命的力量。"明日复明日，明日何其多，我生待明日，万事成蹉跎……"从现在开始，就让我们把握生命的每一分钟，给予生命最充实精彩的状态吧！

面对危急情况，孩子要保持冷静

有一天放学的时候，豆豆和同学一起结伴回家。在路上，因为同学抢过马路，被一辆疾驰而来的电动车撞倒在地，小腿和脚踝当即就红肿起来。豆豆感到很害怕，看着同学疼得哇哇大哭，而电动车司机又逃逸，他情急之下向路过的人借用手机，拨打了110报警，还随即拨打了妈妈的电话，让妈妈联系同学的父母。

听说孩子被电动车撞了，妈妈也很着急，第一时间联系了同学的父母，又以最快的速度先于110到达现场。到了现场，妈妈发现豆豆已经把同学移到路边。看到同学的腿部肿胀严重，妈妈问豆豆有没有让同学站起来走路，豆豆摇摇头，告诉妈妈："我是和路过的人一起把他搬到路边的，没有让他走，如果骨折了还走路，他就会受伤更严重。"听到豆豆的话，妈妈由衷地对豆豆竖起大拇指："豆豆真的很棒！"后来，110赶到，120也随即赶到，妈妈和豆豆一起送同学去医院，妈妈还通知同学的爸爸妈妈直接奔赴医院。因为救治及时，同学的腿部骨折并无大碍，同学的爸爸妈妈还专门感谢豆豆呢！

对于同学的突发情况，豆豆的处理还是比较冷静及时的。他先是报警，随后通知自己的妈妈，因为他知道妈妈可以联系上同学的父母。尤其是在移动同学的时候，他和路人搬动同学，而没有让同学站起来行走，很好地保护了同学的受伤部位，也避免同学受到二次伤害。豆豆是如何了解这些知识的呢？原来，豆豆在日常生活中就很喜欢读书，他尤其喜欢看各种和科学有关的书籍，也喜欢看讲野外生存技能的书籍。正是在这样潜移默化学习的过程中，他了解了很多关于急救的知识，并在关键时刻派上用场。

很多父母对于孩子的学习理解得非常狭隘，觉得孩子要想学习好，就一定要掌握书本上的知识。其实，这只是应试教育下狭隘的学习方式，其实对于孩子而言，学习无处不在。当孩子养成随时随地学习的好习惯，他们就会得到更加丰富的知识储备，说不定哪一天知识宝库中的某些知识就会派上用场。

当然，要想培养孩子遇到紧急情况冷静处理和应对的能力，除了拓宽孩子的知识面外，还应该培养孩子独立自主的性格。很多孩子对于父母特别依赖，不论遇到什么事情第一时间就向父母求助，哪怕是力所能及的事情，他们也不愿意亲力亲为。所谓不经历无以成经验，对于孩子来说，如果从来没有亲自处理和解决问题的经历，他们在遇到同样问题的时候就会束手无策，当然不可能得到成长和进步。

当然，父母的榜样作用对孩子也影响很大。很多父母本身遇到问题不能冷静处理，常常陷入情绪崩溃的歇斯底里状态，这对于孩子来说当然会产生负面的影响。有人说孩子是父母的镜子，当父母发现孩子不能理性处理问题时，不如反思自己是否在孩子面前成功控制住情绪。如果父母不能保持理性，那么要求孩子面对紧急情况理智处理，当然是一种奢求。所谓身先示范，意思是说父母如果想对孩子提出什么要求，自己首先要做到，才能以此去要求孩子。因而在冷静处事的路上，父母要与孩子携手并肩，一起努力！

培养孩子宽容的心

有一天回到家，豆豆黑着脸，看起来特别生气。妈妈不明所以，赶紧询问豆豆原因，豆豆气愤地告诉妈妈："我的同桌今天向我借书看，居然把我的书弄坏了。"妈妈当然不想让豆豆因为一本书就和同桌闹翻，为此对豆豆说："同桌是故意的吗？"豆豆想了想，告诉妈妈："他说不是故意的，但是我的书已经坏了。"妈妈安抚豆豆："每个人都会无意间犯错，既然同桌不是故意的，我觉得你也就没有必要生气了。同桌向你道歉了吗？"豆豆点点头，说："他还说赔偿我一本新的，我拒绝了。"妈妈释然："你看，同桌都已经主动提出赔偿你一本新书，说明他真不是故意的。你拒绝了同桌的好意，你做得很对，也说明你还是很愿意宽容同桌的。我相信当听到你的拒绝时，同桌一定很开心，也会更加信任和感激你。由此，他心中的压力也消除了。"豆豆说："是的，他很开心，还感谢我呢！"妈妈说："当然啊！不过，我觉得你有一点做得还不够。"豆豆纳闷地问妈妈："同桌把我的书弄坏了，我都没让他赔偿，我还有什么做得不对啊！"妈妈笑起来，说："你对同桌宽容，却没有对自己宽容。你拒绝同桌赔偿，同桌很高兴。但是你依然对此耿耿于怀，你觉得这值得吗？"

在妈妈的追问下，豆豆陷入沉思，良久，他笑起来，说："妈妈，我既然选择原谅同桌，就不应该再用同桌的错误惩罚自己。"妈妈由衷地对豆豆竖起大拇指。

很多父母都抱怨，现在的孩子心眼越来越小，堪比针尖。这是为什么呢？究其原因，现在的孩子从小就习惯了在父母无微不至的照顾下成长，为此他们养成了唯我独尊的坏习惯，也目中无人、心中无人，不管做什么事情都从主观的角度出发。不得不说，这样的状态对于孩子而言是非常糟糕的。在上幼儿园之前，孩子被父母和长辈骄纵，因为自私引发的矛盾也许还没有显现出来。但是随着不断成长，他们走出家门，融入同龄人的团体之中，也有机会与更多的人相处，如果在这种情况下孩子还是自私狭隘，就会引发人际矛盾。父母在教养孩子的过程中，除了要教会孩子讲文明懂礼貌之外，要想增强孩子的社交能力，还要培养孩子宽容的心。

常言道，退一步海阔天空，那么进一步呢，则是万丈高崖。由此可见，孩子宽容忍让不但是在宽容他人，也是在宽容自己。孩子在以狭隘自私逼迫他人的同时，也把自己逼入了绝境。宽容是一种广阔的胸怀，也是一种有容乃大的气度。古往今来，很多有所成就的伟大人物，无一不是有气度、懂宽容的人。宽容的人能够容忍他人，也可以宽宥自己，他们目光远大，从来不会为了眼前的蝇头小利而纠结。他们心怀国家和民族，在大义面前舍我其谁的气概让人钦佩！当然，宽容的心态并非与生俱来的，孩子刚刚降临人世的时候如同一张白纸一样洁白无瑕，到底是宽容还是自私，取决于他们后天的成长。由此可见，作为父母要想让孩子成为宽容之人，就要有的放矢地引导孩子成长。

首先，要让孩子学会设身处地地为他人着想。大多数人在思考问题的时候，情不自禁就会从自身角度出发，而完全忽略了他人的需求，这样，他们难免会表现出自私的特点，那就是总是想要满足自身的欲望，而对于他人的欲求置之不顾。很多人际问题的发生，也是因为人们彼此之间产生误解，因而设身处地地为他人着想，可以消除人际误会，也因为彼此理解，而让相互之间的关系变得和谐融洽。

其次，孩子不懂得宽容，还有可能是因为认知的限制导致的。所谓眼界决定人生，当孩子拥有开阔的视野，心怀世界，他们自然不会因为一些小小的问题就与他人发生矛盾和纷争，也不会因为他人无意间的过错就对他人斤斤计较。常言道，大肚能容天下难容之事，笑口常开笑天下可笑之人，就是说一个人要有广博的胸怀和宽容的气度，才能容忍更多的事情，才能让自己的内心豁然开朗。

最后，在日常生活中，父母要为孩子树立宽容的榜样。有些父母本身就是小肚鸡肠的人，有些父母对孩子就言语苛刻，可想而知孩子在父母言传身教的影响下，必然会沾染自私狭隘的性格特征。此外，在与他人相处时，父母也要更加宽容。很多父母常常当着孩子的面说起某位熟人不好的地方，或者对他人吹毛求疵，渐渐地，孩子就会受到父母的影响，也对他人非常苛刻。不得不说，这对于孩子而言是极其不利的影响，也必然会导致孩子在成长过程中受到负面影响。

当一个人怀有宽容的心，他们的人生也会更加开阔。当一个人内心狭隘，比针尖还小，他们的内心也会因此而堵塞。对于孩子而言，人生才刚刚拉开序幕，只有以积极的心态对待人生，才能绽放最美的人生之花。

自律，给孩子成长的力量

最近，乐乐迷恋上玩网络游戏，每到周末，他都会向妈妈申请玩游戏。看到乐乐急迫的样子，妈妈觉得很惊讶。直到一个偶然的机会，妈妈看到乐乐在微信和同学的聊天记录，才知道乐乐原来是和同学约好了一起在网上玩游戏。看着乐乐对于游戏呈现出痴迷的趋势，妈妈有些担心乐乐会上瘾，但是她并不打算像其他父母一样彻底禁止乐乐玩游戏。

孩子为何总是喜欢玩游戏呢？是因为他们学习时很疲惫和劳累，就像成人累了喜欢旅游或选择蒙头大睡一样，孩子玩游戏其实也是一种发泄情绪和休息放松的方式。为此，妈妈很清楚自己不能堵塞乐乐的情绪宣泄通道，只有引导乐乐形成自律，乐乐将来才能有更好的成长和发展。为此，妈妈和乐乐约法三章："每个周末，周六上课外班，完成作业，周日上午补觉。周日下午可以痛痛快快玩游戏，前提条件是每隔一小时就要休息眼睛。"乐乐答应了妈妈的要求，也的确照做。然而，随着时间的流逝，乐乐想到了一个讨巧的办法，那就是周日上午早点儿起床，也可以玩游戏。发现乐乐钻漏洞，妈妈明文规定："周日上午即使起床很早，也只能看课外书，而不可以玩游戏。"在妈妈的引导下，乐乐越来越自律，也因为每个周日下午都可以不被打扰、痛痛快快玩游戏，所以他对于游戏的欲望也没有那么强烈了。

如今，很多父母都为孩子喜欢玩游戏而烦恼，尤其是有些孩子完全沉迷在游戏之中，对于游戏到了痴迷的地步。为此，他们想方设法帮助孩子戒掉游戏瘾，有些父母还因为对孩子束手无策，而把孩子送到戒网瘾的学校里去。然而，孩子在戒网瘾学校里到底受到了怎样的对待，父母是无从得知的，前两年也有孩子进入戒网瘾学校几天之后就死于非命的报道。不得不说，如果作为父母都无法帮助孩子，而把孩子送到陌生的学校和陌生人的手里，那么孩子真的前途堪忧。

父母是孩子的第一监护人，对于父母而言，任何时候都不要放弃对孩子的监管，因为只有父母才能以爱与包容，引领孩子成长。对于孩子的网瘾，父母需要注意的是，不要采取一刀切的态度禁止孩子接触网络，所谓哪里有压迫哪里就有反抗，说不定孩子还会因此对于游戏更加痴迷呢！事例中，乐乐妈妈的态度是值得学习和借鉴的，给孩子适度玩游戏的机会，也给孩子规定可以痛痛快快玩游戏不受打扰的时间，从而让孩子感受到自己是被父母尊重的，也愿意遵守父母的规定。此外，因为有玩游戏的机会，他们不会对于游戏更加痴迷，在玩游戏的欲望得到满足之后，他们会更加理性地对待游戏，在此过程中，他们的自律力也得以增强。

总而言之，孩子并非生而自律。父母要想培养孩子的自律力，一定要避免对孩子言听计从，也不要总是无限度地满足孩子对于欲望的追求。让孩子能够理性思考，对于父母而言是很重要的。在点点滴滴的小事之中，孩子得到锻炼的机会，自律力也会增强，自然会有更好的表现和成长。父母要记住，孩子的成长不可能一蹴而就，每一个为人父母者，都要把教育孩子当成毕生最伟大的事业，也要把学会对孩子放手当成当务之急。很多孩子之所以缺乏自律力，往往是因为父母对他们的管教过于严格，所以父母要认清楚一个事实，那就是只有享受自由的孩子，才会拥有更强的自律力。

学会对孩子的困境作壁上观

每当孩子面对困境的时候，作为父母的第一反应是什么？有的父母会当机立断迎头赶上，帮助孩子战胜挫折和困难，甚至完全代替孩子去做孩子该做的事情。这样的现象在小学里表现最为明显，最夸张的是，面对学校大扫除，很多爷爷奶奶居然带着笤帚、拖把、抹布等来到学校里严阵以待，他们振振有词，理由充分："孩子太小，在家里从未干过这些，也怕危险，还是我们来吧，我们可比孩子干得好多了！"听到这样的理由，明智的人不由得感到啼笑皆非：爸爸妈妈、爷爷奶奶、姥姥姥爷，你们能代替孩子成长，为孩子包办一辈子吗？有谁是从一生下来就什么事情都会干的，大家不都有一个从不会到会的过程吗？如果不给孩子任何学习和锻炼的机会，孩子如何成长呢？对于这样的质疑，那些爱子心切的人根本不会理性去思考，他们似乎已经形成了条件反射：只要孩子有困难，就不顾一切地上。

等到孩子终于长大，很多父母都会抱怨孩子什么都不会做，例如，孩子不会叠被子、不会洗衣服、不会煎鸡蛋、不会为父母着想……总而言之，除了身高更高、身体更强壮之外，孩子什么都不会。每年都能看到一些大学新生许多生活小事都不会做的报道，让人在质疑如今的孩子为何自理能力这么差的同时，也不由得反思：父母到底对孩子做了什么呢？不得不说，孩子的确是无辜的。父母从孩子呱呱坠地开始，就无微不至地照顾孩子，直到孩子不断成长，父母依然无法对孩子放手，哪怕孩子提出独立的要求，父母也会强迫孩子必须维持婴儿时期的生活节奏。最终，孩子什么也不会，更无法独立生活，这是莫大的悲哀。

在衣来伸手、饭来张口的生活中，孩子越来越依赖父母，他们甚至失去了独立思考的能力，凡事都要听从父母的建议和安排。为了迎合父母，他们放弃自己的思想，毫无主见。直到有一天父母老去，需要孩子照顾，才想起来抱怨孩子一无是处，什么都不会做。这当然是对孩子的不公平。这就像从来不给孩子吃饭，却抱怨孩子饿得前心贴后背一样。明智的父母在看到孩子缺乏自理能力的时候，首先会从自身反省，也会切实找到原因，从而有的放矢地增强孩子的自理能力，也帮助孩子健康成长、均衡发展能力。

常言道，人生不如意十之八九。对于孩子而言，成长的过程从来不是一帆风顺的。在成长过程中，他们常常会面临困境，也会莫名其妙地遭遇挫折。每当这时，如果依赖成性，他们就会找父母来为他们的损失埋单，也帮助或取代他们战胜困难。父母在此时一定要保持理性，要想避免让孩子形成依赖性，就必须战胜对孩子的爱，理性地对待孩子，激励孩子与困难做斗争，也帮助孩子全力以赴战胜困难。

从父母的角度来说，在孩子遇到困难的时候作壁上观的确很难。因为一直以来，父母已经形成了当孩子遇到困难的时候就勇敢往前冲的条件反射。因而父母要克制住内心的冲动，要一次又一次地告诉自己：我不可能让孩子依赖一辈子。生命的自然规律决定了父母终究要老去，即使他们再爱孩子，也不可能永远陪伴在孩子身边，更不可能随时随地给孩子依靠。当父母老去，总有一天还要依赖孩子的照顾。从这个意义上来说，父母骄纵和宠溺孩子，不但是害了孩子，也是对自己不负责任。

父母对孩子的疼爱，绝不要体现在对孩子有求必应方面，人生就像甘蔗，总是有一头是甜蜜的，有一头是苦涩的。是让孩子吃苦在前，父母趁着年轻护佑孩子一程；还是让孩子享乐在前，等到需要独立面对人生的时候父母已经老去，他们却一无是处更好呢？明智的父母当然会选择先苦后甜，否则就相当于把孩子置于死地。爱，有很多种表达的方式，有的父母爱孩子是为孩子代办一切，有的父母爱孩子是对孩子放手，从而尽早帮助孩子养成独立的能力。正如人们常说的，溺爱是对孩子最大的害，而放手则是对孩子最好的爱。在陪伴孩子成长的过程中，父母一定要与时俱进，跟随孩子成长的脚步，根据孩子能力的发展情况，对孩子适时放手，也以恰到好处的方式和力度培养孩子应对人生的能力！

第 9 章
培养自控能力，让孩子拥有管理自己的力量

通常情况下，孩子的自控能力都比较差，而小学阶段正是培养孩子自控能力的好时机。所以，父母要抓住小学阶段培养孩子的自控能力，当孩子成为可以驾驭自己的主人，他们在成长方面就会更加进步。

有自控力，孩子才能管理好自己

1970年，美国大名鼎鼎的心理学家米歇尔教授为了研究孩子的自控力，进行了一项著名的实验。在这次实验过程中，米歇尔和助手们把孩子们集中在一个很大的教室里，然后给每个孩子都分了一块糖果，并对孩子们说："小朋友们，我现在有事情要离开一会儿。你们可以选择现在就吃掉糖果，也可以选择等我回来再吃掉糖果。如果能够等我回来再吃糖果，我会额外多奖励一块糖果给你们，这样你们就会拥有两块糖果。"说着，米歇尔教授就离开房间。孩子们不知道，米歇尔教授和助手们正在他们看不见的地方观察他们呢！

只见孩子们看着眼前色彩艳丽的糖果，全都馋得直咽口水。有的孩子在米歇尔教授还没有走出教室门的时候，就迫不及待地打开糖果皮，把糖果放入嘴巴里吮吸。有的孩子很努力地克制自己，他们想出各种办法抵御糖果的诱惑，如闭上眼睛不看糖果，再如故意朝着糖果吐口水来打消自己想要吃掉糖果的欲望。还有的孩子索性趴在桌子上假装呼呼大睡。米歇尔教授看着孩子们的样子，觉得非常好笑。过了一会儿，他回到教室里，给那些坚持没有吃掉第一块糖果的孩子，又发了一块糖果。得到两块糖果的孩子们高兴极了，而那些此前吃掉糖果的孩子则出现沮丧的表情。后来，米歇尔教授对这些孩子进行跟踪调查，发现那些吃掉糖果的孩子成年之后表现平平，而那些没有吃掉糖果的孩子则都有很出色的成就。

　　米歇尔教授的实验目的就在于研究孩子们的自控能力，事实证明那些能够控制自我的孩子往往能够成功地实现延迟满足，也成了自身的主宰，因而长大成人之后也有非常出色的表现。所谓延迟满足，顾名思义，就是通过自我控制使欲望过一段时间再得到满足。一个人如果没有自控力，不但在面对糖果的时候无法自制，长大之后在面对各种坎坷挫折和不如意的时候，也会放纵自己。很多父母发现孩子做事情总是三心二意，而且无法专注地把手里的事情做好，就是因为孩子缺乏自控力。

　　不可否认，每个孩子的自我控制能力是不同的。有的孩子自控力很差，总是顺从自己的本能去作出选择；有的孩子非常理性，自控力很强，哪怕面对糖果的诱惑也能成功地战胜自己的本能冲动。不得不说，对于年幼的孩子而言，要想控制住自己的欲望是非常困难的，因为人人都有趋利避害的本能，而孩子的理性发展还没有达到一定的程度。实际上，孩子并非生而就有自控力。对于襁褓之中的婴儿来说，他们的自控力几乎为零，这就是婴儿总是日夜啼哭的原因。直到三岁前后，随着自我意识的不断萌发和发展，孩子们才把自己与外部世界区别开来，也才拥有更强的自控力。父母要想培养孩子的自控力，就要抓住孩子三岁前后的时间，对孩子进行自控力的启蒙教育。进入小学阶段之后，孩子的生活范围扩大，生活辐射的面也越来越广，所以父母更是要从尊重孩子天性的角度出发，因势利导，借助于各种机会增强孩子的自控力。

　　父母要知道，孩子的成长绝不会一帆风顺，也许孩子小的时候因为有父母的保护，所以生活相对顺遂如意。如果有朝一日孩子必须离开父母的庇护独立生活，面对生活的不如意和坎坷挫折，如果自控力不够强大，他们如何能够顺利渡过难关呢？培养孩子的自控力是长期的过程，父母要做作好充分的心理准备，才能提供给孩子各种机会提升和历练自己，也帮助孩子有的放矢地增强对自身的控制，这才是最重要的。当然，父母在日常生活中也要以身作则，给孩子树立自控力的榜样。不得不说的是，自从孩子升入一年级，很多父母就特别在乎孩子的成绩，一旦看到孩子成绩不理想，父母就会马上无法自控地歇斯底里。其实，这对于孩子的影响是很不好的。真正的自控力，必须更加强大，而唯有拥有自控力的父母，才能给孩子树立积极的榜样作用，也教育和引导孩子健康成长，拥有强大坚定的力量。

学会引导自己，比尊重规则更重要

随着北京野生动物园老虎伤人事件的发生，人们对于规则的讨论更加深入。在这个社会上，正是因为有了规则的存在，每个人才能秩序井然地生活，整个社会才能在规则的维护下正常运转。一旦失去规则，社会就会陷入混乱，人们的言行举止也会失去约束的框架。孩子在成长过程中，一开始是以本能的需求作为自己的引导，而随着不断地成长，他们渐渐地形成规则意识。在此期间，父母的引导对孩子起到重要的作用。

三岁前后，孩子的自我意识不断地萌芽，为此，他们的需求也越来越多。在此过程中，孩子对于世界有了更加深入的了解和更多的思考，但是他们整体的思维模式还是以自我为中心的。为此，三岁前后的孩子最喜欢说的话就是"我的，我的"，他们还没有物权归属的意识，一切都以自己的意识为准。与此同时，三岁的孩子正处于秩序敏感期。在这么矛盾的状态下，父母一定要抓住这个特殊阶段，对孩子进行有效的引导，帮助孩子形成规则意识。

现实生活中，很多孩子对于规则不了解，也根本不愿意遵守规则，原因在于父母对他们教育的疏忽。尤其是在很多独生子女家庭中，孩子从小就已经习惯了唯我独尊，也常常陷入对规则的鄙视之中，更加无视规则。如果说在家庭生活里，孩子不愿意遵守规则只需要得到家人的包容，那么一旦进入幼儿园，尤其是在进入小学之后，如果孩子还是不懂规则，也不愿意遵守规则，那么就会导致人际交往面临很大的困境，也使孩子融入团体生活变得很困难。所以父母不要觉得是否遵守规则不重要，而是要从孩子小的时候，就引导孩子建立规则意识，也帮助孩子养成遵守规则的好习惯。

如果说遵守规则是来自外部的约束力量，那么和遵守规则相比，孩子的自我引导则更加重要。仅从字面上了解，遵守规则是遵守外部的条条框框，而自我引导，则是来自内部的自我疏导和帮助。一个善于自我引导的孩子，即使没有规则的约束，他们也会表现得很好，这是因为他们有内部的力量来规范自己的言行举止，也会在人际相处中有更加友好的表现。当然，自我引导比遵守规则更难做到，它是孩子自发的，也是孩子发自内心的言行举止。所以父母在日常生活中要多多开导孩子，也要帮助孩子融入周围的世界。

要想让孩子形成自我引导的良好能力，首先要让孩子学会站在他人的角度思考问题，这样孩子才能从以自我为中心的误区中摆脱出来，学会为他人着想。其次，还要鼓励孩子经常参加集体活动。大多数孩子总是以自我为中心，就是因为他们的生活内容只有自己，而忽略了别人。在小学阶段，父母和老师都很少参与孩子在学校里与同学之间的相处，孩子必须独立承担起与人相处的重要任务。在此过程中，孩子也许会与同学有矛盾，却可以在解决矛盾的过程中获得更多的成长。很多父母总是对孩子亦步亦趋地跟紧和绝不放松地管教，殊不知，这对孩子的成长没有好处。孩子的成长是漫长的过程，而且需要点点滴滴的努力和天长日久的坚持。如果父母不能对孩子放手，那么孩子始终被禁锢，根本不可能在与人相处的过程中获得成长。所以明智的父母一定要学会对孩子放手，也要引导孩子以适宜的方式与身边的人交往，这样才能对孩子的成长起到事半功倍的促进作用。

当孩子学会遵守规则，也能够在与人相处的弹性空间里实现自我引导，孩子的成长就会更加快速。他们在成长过程中固然有烦恼，却也会得到很多的快乐。

不娇纵，让孩子能够控制情绪

周末，妈妈带着才上一年级的小雨去选购新书包。才到商场，新书包还没看呢，小雨就选中了一件玩具。小雨缠着妈妈要买玩具，妈妈坚持要先去买书包，而且告诉小雨他看上的玩具的确太贵了，是不能买的。为此，小雨哭了起来。

一开始，小雨哭得不太严重，因为他是想逼着妈妈妥协。看到妈妈态度坚决，不同意他买玩具，小雨这才绝望得歇斯底里，不但哭得厉害，而且情绪也很激烈。妈妈也非常恼火，尤其是当看到商场里的人都看向他们的时候，妈妈更加觉得难为情。妈妈正准备发火呢，突然接到爸爸的电话。妈妈生气地对爸爸说了小雨的情况，没想到，爸爸对付小雨这种情况很有办法，他告诉妈妈："别理他，你先走到一个他看不见你、你能看见他的地方，很快他就会恢复平静的。"挂断爸爸的电话，妈妈平静地对小雨说："小雨，今天不能买玩具，只能买书包。不过，再过两个月你就过生日了，我可以送这个玩具给你当生日礼物。你自己想吧，我先离开一会儿。"说完，妈妈就头也不回地走了。小雨还在哭，但是当抬头看不见妈妈的时候，他尝试着擦干眼泪，恢复平静。思来想去，小雨觉得这么哭下去也不是办法，而且今天的确是和妈妈来买书包的，为此他决定停止哭泣。他站起来左顾右盼，等着妈妈。妈妈观察小雨一会儿，才走出来，小雨对妈妈说："好吧，妈妈，那你记得要买这个玩具给我当生日礼物。"妈妈点点头，还和小雨拉勾约定。

对于妈妈而言，这个回合中，她战胜了小雨的任性，也让小雨学会接纳自己的情绪。在如今有些独生子女家庭里，孩子们骄纵任性，这是因为他们已经习惯了接受父母无微不至的照顾，也总是被无条件满足各种欲望。为此，当稍微感到不如意的时候，他们就难以接受，也常常导致情绪陷入崩溃状态。

常言道，人生不如意十之八九。每个人生活在这个世界上，都不可能完全做到顺心如意，孩子也是如此。孩子生活中的一切都是爸爸妈妈为他们提供的，所以他们往往不知道生活的艰辛，也总是对爸爸妈妈提出更多的要求和产生更大的欲望。在此过程中，父母一定要摆正心态，不要因为心疼孩子就对孩子言听计从，不由分说就满足孩子的所有欲望。否则孩子会养成索求无度的坏习惯。

在教会孩子自我引导的过程中，父母要循序渐进。首先，当孩子情绪激动的时候，先让孩子恢复情绪，否则孩子在歇斯底里的状态中很难与父母实现有效沟通。例如，事例中，妈妈在爸爸的指导下暂时离开，走到小雨看不见的地方，是为了让小雨恢复平静，也是为了对小雨施加压力。妈妈能看到小雨，是为了保证小雨的人身安全。这样，才能两者兼顾。其次，在孩子还没有完全掌握自我引导的方法时，父母可以给孩子提供备选的方案，从而引导孩子平复自己的情绪，找寻到心理平衡。再次，在对孩子表达自己的态度时，一定不要过多地唠叨，也不要试图劝说孩子接纳父母的建议。因为孩子最终是要做到自己说服自己，而不是要被父母说服，否则就不能称为是自我引导。父母要在精练地表达自己的态度，也告诉孩子备选方案之后，及时退场，给孩子进行自我引导的时间和机会。最后，父母可以怀着轻松的态度对待孩子的任性。很多父母一旦看到孩子任性，就会被孩子冲动的情绪感染，也马上对孩子歇斯底里，无法控制住自己的暴怒。其实，这样就会导致父母的情绪与孩子的情绪对对碰，父母与孩子之间的关系更加恶化。如果父母怀着轻松的态度，尽量保持平静，这样的情绪也会感染孩子，从而帮助孩子恢复平静。

总而言之，小学生原本就缺乏自制力，要想实现自我指引，使自己在盛怒或不知足的状态下找到内心的平衡，难度是很大的。父母要尊重孩子，平等对待孩子，切勿在孩子情绪失控的状态下调侃孩子，或者以过激的语言刺激孩子，否则会导致事态发展失去控制。尤其是很多小学生的自尊心非常强烈，有的时候父母一句无心的话就会在孩子心中掀起轩然大波。所以，父母一定要对孩子谨言慎行，也要本着对孩子负责的态度，帮助孩子渡过情绪的难关，恢复内心的平静和从容。

需要注意的是，有些父母对于孩子的骄纵任性完全不放在心上，觉得孩子还小，任性也没关系。其实不然。俗话说，三岁看老。心理学家经过研究发现，孩子在三岁前后性格就基本成型，在十二岁之前，性格只能进行调整和完善，而不会有特别大的改变。父母一定要从小就注重培养孩子的好性格，而不要总是骄纵孩子，更不要让孩子由着自己的性子发泄。只有拥有好性格，才能奠定孩子一生的幸福基础；没有好性格，孩子自己也会深受其扰，甚至感到非常被动和无奈。从这个意义上来说，好性格也是父母送给孩子的最好礼物之一。

在游戏过程中管理自己

很多父母误以为，必须随时对孩子进行管教，在孩子犯错误的时候严厉批评孩子，而在孩子偶尔表现好的时候认可和赞赏孩子。实际上，有这种观念的父母低估了孩子的能力，也觉得孩子的成长离不开父母的管教。从人性的角度来说，成长是孩子的本能，是孩子自然而然就具备的能力。所以父母除了要对孩子进行言传身教和严格的管教之外，还应该引导孩子学会自我管理，让孩子自由自在地成长。

很多父母都知道寓教于乐的道理，却忽略了对孩子开展寓教于乐的重要形式，那就是让孩子做游戏。孩子做游戏的时候通常都很高兴，似乎完全忘记了成长，而实际上，孩子在做游戏的时候正在悄悄地成长。在游戏过程中，他们要和同伴相处，人际关系对于孩子的提升作出了更高的要求，他们不断与小伙伴针对玩耍过程中出现的问题协商，在此过程中增强自己人际交往的能力，也实现对自己更好的管理。

要想成功地参与和完成游戏，孩子就要主宰和控制自己。对于小学生而言，游戏的种类很多，最重要的是找到适合自己的游戏，才能借助于游戏增强自我管理的能力。孩子的天性就是活泼好动，所以运动性游戏最适合孩子。进行运动性游戏，既能挑战身体的本能和极限，还能磨炼意志力，让孩子更加坚定勇敢。如今，很多的孩子非常胆小怯懦，他们在与人相处的过程中，根本不可能放开自我，也无法与他人更好地相处。对身体和心灵的双重管理，可以让孩子主宰自我，获得长足的成长和发展。

除了运动性游戏之外，孩子们还可以进行需要合作的游戏，这样，在合作的过程中，他们彼此深入了解，也相互促进和发展，获得更好的成长。需要注意的是，很多孩子在成长过程中都养成了以自我为中心的坏习惯，需要合作的游戏可以提升孩子的自我意识，还可以培养孩子合作的精神。现代社会，不可能有孤胆英雄，每个人都要融入人群之中，也要学会与他人通力合作，才能卓有成效地发挥出自身的力量，距离成功越来越近。

在小学阶段，孩子的自身力量不断增强，所掌握的知识也越来越多，所以他们还可以进行很多益智游戏。益智游戏可以激发孩子思维的潜力，让孩子在控制思维的过程中控制自己。每个孩子思维的潜能都是无限的，父母要有意识地开发孩子的思维能力，从而卓有成效地提升孩子的思维水平。

总而言之，孩子一定要学会自我管理和自我控制，才能在成长的过程中更加激发出自身的潜能和力量，才能卓有成效地融入团体之中，从而让自己变得更加独立自信、坚强勇敢。父母不要总是觉得孩子无法管理好自己，而是要意识到孩子的成长离不开父母的放手，更要给予他们一次又一次锻炼的机会。对于孩子而言，犯错不可怕，可怕的是在成长的道路上停滞不前。父母要相信孩子会在成长过程中有良好的表现，也要给予孩子足够的信任，才能帮助孩子不忘初心，砥砺前行。

孩子有力量管理好自己吗

看到这里,一定有很多父母感到困惑:我们如何知道孩子能否管理好自己呢?的确,这不像是考试,会有一个明确的标准来界定孩子的学习是合格,还是优秀。又因为父母对于孩子成长和发展的预期不同,所以他们对于孩子的评判标准也是不同的。对于孩子是否有力量管理好自己,父母要有的放矢地考察孩子的自控能力,也可以通过各种方式增强孩子的自控能力。

从心理学的角度来说,孩子对于自我的控制能力,包括运动控制、思想控制和情绪控制。如果在考察孩子这三个方面的控制能力之后,发现孩子的确做得很好,那么父母就可以判断孩子已经基本通过测试。如果在对孩子进行这三个方面的测试之后,发现孩子在自控力方面还有很大的欠缺,那么父母则要继续对孩子开展自控力的强化训练,从而帮助孩子早日成为自己的主宰。

当确定孩子的确有力量管理好自己之后,父母要对孩子放手,让孩子相信自己的确是非常优秀的。很多父母对于管教孩子都非常焦虑,他们生怕孩子没有能力管好自己,为此伤害自己,或者惹出什么麻烦。父母不是多虑,但是也完全没有必要这么忧虑。在父母不知不觉之间,孩子已经渐渐长大,不再是那个襁褓中的婴儿,已经成为小学生。父母在陪伴孩子成长的过程中,一定要与时俱进跟上孩子成长的脚步。唯有如此,父母与孩子之间才能建立亲密的关系、拥有深厚的感情,父母才能与时俱进,陪伴孩子一起成长。

曾经有人说,信任是强大的力量,这是因为信任会让孩子对于自己充满信心,也激发孩子无限的潜能。当然,对于孩子的自控力测试,也应该根据孩子的成长与时俱进。很多父母对于孩子缺乏自控力的表现不以为然，殊不知，自控力对于孩子的成长是至关重要的。缺乏自控力的孩子，在成长过程中会非常被动，这是因为孩子不管是坚持学习，还是拼尽全力去战胜困难，都要以自控力作为保障。此外，自控力相对较差的孩子，对于情绪、思维和意志的控制能力都很差。相反，拥有良好自控力的孩子，各个方面的表现都会更加优秀。他们能够成为自身的主宰，也可以有的放矢地增强自身的控制力，从而让自己有出类拔萃的表现。

当然，对于不同年龄段的孩子来说，自控力的要求也是不同的。父母不要脱离孩子的年龄层次去判断孩子的自控力，也不要因为忽视孩子的年龄层次，就盲目评价孩子。为了增强孩子的自控力，父母也不要急于求成。父母要知道，孩子的成长有其节奏，父母唯有尊重孩子的成长规律和节奏，在此基础上对孩子顺势利导，才能更好地促进孩子成长。

需要注意的是，父母为了孩子好的心是毋庸置疑的，但是也不要对孩子提出过高和过于苛刻的要求。孩子终究还比较小，身心都处于飞速发展之中。父母要意识到孩子的成长，也要给予孩子足够的时间和空间去成长，才能真正激发出孩子的潜能，让孩子健康快乐、有序成长。

孩子有力量管好自己吗？父母要想激励孩子不断努力进取，就要打消心中的困惑，给予孩子一个肯定的回答。只要父母相信孩子，孩子就会拥有信任的力量。记住，那些有自控力的孩子都不是在父母的严格管教下成长的，反而父母越是管教，孩子越是不能管理好自己。父母唯有给予孩子更大的自由空间去成长，孩子才能发挥自控力，积极主动地管理好自己，才能让生命之花绽放！

努力训练，让孩子更加坚定执着

曾经有心理学家指出，孩子在三岁前后，自控力的发展处于巅峰时期。其实，这是符合孩子三岁时处于秩序敏感期的定律的。当然，这也并不意味着孩子只有在三岁时才能发展自控力。如今，很多科学研究都不断证实，如果父母在孩子后天成长的过程中对孩子进行引导，帮助孩子增强自控力，那么孩子在自我控制方面就会有优秀且出色的表现。当然，这样的训练进行起来并不容易，父母一定要深入了解孩子的身心发展规律，才能有的放矢地引导孩子，也卓有成效地增强孩子的自控力。

自控虽然是脑力活动，却要消耗大量的体力。在一切的大脑活动中，自控是消耗能量最多的一项。父母要给孩子作好充分的补给，从而为孩子开展自控训练提供基础。有的父母会认为，给孩子提供自控的基础，就是帮助孩子作精神准备。实际上，这样的理解不够全面。小学生正处于长身体的阶段，因而父母首先要保证孩子的吃喝，通过合理饮食促进孩子成长。此外，充足的睡眠对于孩子的身心发展有益，父母也许望子成龙、望女成凤，但一定要保证孩子身心健康发展。为了增强孩子对于身体的自控力，父母还可以鼓励孩子多多运动，这样孩子能灵活掌握自己的身体，再者能获得自控训练的能量。

要想让孩子配合父母进行自控力训练，还应该对孩子进行思想意识的教育。很多孩子从小就在衣食无忧中长大，得到长辈无微不至的爱与呵护，却忽略了对自己的控制。尤其是当父母总是无条件满足孩子的需要时，孩子渐渐变得骄纵，也对规则无视。最重要的是，在有些家庭生活中，父母本身也没有意识帮助孩子确立规则，这样，孩子当然会缺乏规则意识，未来进入社会，也会显得没有秩序，非常混乱。为了帮助孩子树立规则意识，父母除了要为孩子制订家庭规则，告诉孩子如何尊重社会规则之外，还应该在孩子遵守规则的时候给予奖励，在孩子触犯规则的时候给予惩戒。唯有如此，孩子才会切身感受到规则的威力，才能在不断反省的过程中提升自己对于规则的遵守。

当然，自控力的增强绝对不能一蹴而就，也不是朝夕之间就可以实现的，父母要成为孩子自控力的榜样，在家庭生活中以身示范，给孩子积极的影响，而不要对孩子起到负面的影响。尤其是在关键时刻，父母要肩负起对于生活的责任，这样才能让孩子拥有责任心，从而也和爸爸妈妈一样成为有担当的人。

总而言之，自控力的增强是要从方方面面进行的。父母在培养孩子自控力的时候，可以事先制订好计划，从而按部就班、有条不紊地进行。需要注意的是，当感到畏惧和困难的时候，千万不要退缩，因为父母的退缩不但无法对孩子有积极的教育和引导作用，反而会让孩子意志力薄弱，也会让孩子缺乏增强自控力的决心和毅力。

很多父母因为怕孩子吃苦，总是骄纵和溺爱孩子，殊不知，溺爱是对孩子最大的伤害，父母唯有打起精神来督促孩子成长，磨炼孩子的心智，也激发孩子的潜能，孩子才能勇敢无畏地面对人生，主宰和驾驭人生。

第 10 章

青春期，关键注意孩子心理问题

进入青春期，孩子的身心都在快速发展，所以，父母一定要更加关注青春期的问题，也要密切注意孩子在青春期的心理状态。这样，才能全方位关注孩子，才能保证孩子的健康快乐成长。切勿认为只需要关注孩子的学习，其实和孩子的身心健康发展相比，学习并非最重要的。只有拥有健康的心态，孩子才能成人成才，才能拥有独属于自己的精彩人生。

孩子需要乐观积极地面对人生

假期里，爸爸妈妈带着乐乐一起去海南旅游。到了海南，爸爸才发现订错了酒店，为此妈妈当即开始抱怨爸爸。一开始，爸爸还忍耐着，后来妈妈实在唠叨得厉害，也让爸爸在乐乐面前没了面子，为此爸爸生气地对妈妈吼道："你除了会责怪我，还会什么？天天无所事事，你怎么不自己订酒店啊？"妈妈被爸爸一番抢白，马上面红耳赤，眼看着要发怒，转念一想：这是出来玩的，不是出来吵架的，还带着孩子呢，别影响心情！

这么想着，妈妈转变态度，诙谐地说："好吧，我现在就可以订酒店。"听到妈妈这么说，正在为今晚的住处发愁的爸爸马上两眼放光。爸爸问："真的吗？"妈妈说："我订酒店还不用花钱呢，买个帐篷就行，以地为席，以天为被。睡马路，这个主意不错吧！"爸爸被妈妈逗得笑起来，说："要不就睡沙滩吧，比马路还软和点儿！"乐乐高兴地喊起来："太好了。我喜欢睡在沙滩上！"就这样，一场纷争消散于无形。一家人当然没有睡在马路上，也没有睡在沙滩上，而是住了一晚上的高档酒店，也算是体验了一把星级服务。

如果妈妈不及时作出让步，面对愤怒的爸爸，她再说出什么过分的话来，就会使问题越来越严重，而且会让一场好好的出行变得很不愉快。幸好，妈妈虽然抱怨爸爸，但是还有理智，也知道以幽默化解尴尬

的气氛，才能让旅行继续进行下去。

随着结婚年龄的推迟，很多父母在有孩子的时候已经年纪很大，这也直接导致孩子的青春期有可能遭遇父母的更年期。那么，在一个家庭里，当青春期和更年期同时出现，父母应该怎样处理与孩子的关系，怎样解决孩子的情绪和心理问题呢？最重要的是，培养孩子以积极乐观的态度面对人生，也以幽默感染孩子的情绪，帮助孩子更加主动地成长。

在一些西方国家，人们都把幽默看得很重要，甚至有些单位在招聘人才的时候、年轻人在寻找人生伴侣的时候，都会把幽默作为对方必不可少的一项素质提出来。对于幽默，每个人的理解都是不同的。有人认为幽默是智慧，有人认为幽默是能力，也有人认为幽默是生活必不可少的调味剂。当孩子从小在压抑的家庭环境中成长，他们必然会觉得内心沉重，也觉得生命沉甸甸得让人喘不过气来。在这种情况下，父母一定要调整好心态，在孩子面前也许可以一本正经，但是一定要控制时间，而不要让严肃的面孔成为家庭的阴云。当孩子在父母的爱与关照下成长，也经常沐浴家庭幽默的气氛，则孩子的成长一定会更加快乐。

当然，牙齿还会碰到舌头，更何况是一家人在一起相处呢？在家庭生活中，不管是父母之间、父母与孩子之间，还是孩子与孩子之间，都会发生各种矛盾和摩擦，为此很多家庭经常上演口舌之争，就是动手动脚的肢体接触也并不罕见。当感觉到家庭氛围很紧张的时候，作为家庭生活的主角，父母就要有意识地幽上一默，从而缓解家里紧张的气氛，也有的放矢地增进家庭关系。也许只需要一句幽默的话，就能把原本的僵局解开，也让原本紧张的气氛变得轻松起来。不得不说，以幽默来让一次纷争冰雪消融，实在是非常高明的招式，也是很美妙的家庭生活体验。

有人说，幽默是最高的智慧表现形式，的确如此。一个人必须有开阔的心胸、灵活的思想，也要能够见多识广，才能在各种尴尬的情况下，马上转换思维，消除尴尬，活跃气氛。要想培养孩子幽默的品质，父母除了以身示范在家庭生活中展现幽默，也要开阔孩子的眼界，让孩子多读书，拓展思路，孩子才能在关键时刻灵机一动，有更好的表现。当然，还要培养孩子有一颗宽容的心，让孩子除了用幽默给自己解围之外，也能给他人解围，这才是最重要的。当幽默成为人际相处的润滑剂，相信不管是父母还是孩子，都会因为幽默而受益良多，也会因为幽默而获得更好的成长和更多的欢声笑语。

愤怒是人生的负面情绪

有一天，妈妈正在做饭呢，杰米从外面怒气冲冲地回来。妈妈不知道杰米怎么了，还没有来得及询问，就看到进了家门的杰米如同一阵旋风一般进入卧室，猛地关上门。妈妈不由得很生气，她原本想去质问杰米，一想到锅灶上正开着火，又打消了念头，继续专心致志地做饭。等到晚饭做好，妈妈不由得为自己刚才冲动地想去质问杰克的想法感到好笑："孩子长大了，他们一定会有情绪，也不必事事向我汇报，我又何必去和孩子吵架呢。"这么想着，妈妈把饭菜端到桌子上，和往常一样喊杰米吃饭。

杰米出来吃饭的时候，情绪明显平静了很多。妈妈什么也没有问，杰米主动告诉妈妈："妈妈，我今天快被约翰气死了。他作为我的好朋友，居然出卖我，现在搞得全班同学都知道我的糗事，这简直太糟糕了。"妈妈大概知道发生了什么事情，轻描淡写地对杰米说："我理解你的感受，因为我也曾经遭遇这样的对待。不过你要相信，这没什么大不了的，因为对于一个秘密，当你决定把它告诉朋友的时候，其实你应该作好这个秘密有可能无法继续保守的准备。毕竟，人多嘴杂，对于绝对不能让人知道的事情，就连做梦的时候都要闭紧嘴巴。"杰米听到妈妈说的话，觉得很有道理，因而连连点头。

妈妈之所以能够避免激怒杰米的情绪，是因为她对于杰米已经发生的情绪采取了接纳的态度。很多父母面对青春期孩子的冲动易怒，总是不分青红皂白地批评和否定孩子，完全忽略了孩子的感受。没有人愿意被否定，所以父母哪怕觉得孩子是错的，也不要在孩子盛怒的情况下急于否定和批评孩子。要想帮助孩子恢复平静，先接纳孩子的情绪感受，这是最理智的，也是最有效的。对于青春期孩子的父母来说，接纳孩子、理解孩子的情绪，是亲子沟通的重要基础。

处于青春期的孩子很容易陷入愤怒的状态之中，这是因为他们缺乏自控力，在面对情绪的波澜起伏时，往往无法很好地控制自己。而且，青春期孩子原本就容易冲动，父母在教育青春期孩子的过程中，也要引导孩子正确对待愤怒的负面情绪，从而有的放矢地帮助孩子疏导情绪，也给予孩子最好的引导和帮助。

人有七情六欲，愤怒也是一种情绪。然而，愤怒对于解决问题实在没有好处，反而会常常导致事与愿违。在认清楚这一点之后，相信青春期孩子就不会轻易地被愤怒的情绪驱使，也不会总是对愤怒缴械投降。

从本质上而言，愤怒是一种力量。青春期孩子只要正确疏导愤怒的情绪，瓦解愤怒的力量，就可以让自己在成长中有更好的表现。与此同时，愤怒也是一团烈火，青春期孩子如果不能正确对待愤怒，或者避免愤怒的烈火焚烧自己，那么他们就会面临尴尬。凡事都有两面性，愤怒也是如此。青春期孩子要想正确对待愤怒，首先要深入了解和认识愤怒，从而主宰和驾驭愤怒。有心理学家经过研究证实，愤怒会使人的智商瞬间降低，这是因为在愤怒的过程中，人的理智丧失，思维陷入混乱状态。既然如此，我们还有必要愤怒吗？

愤怒既伤害别人，也伤害自己。在面对那些让人愤愤不平的事情时，明智的人不会一味地陷入愤怒之中，而是会理性分析问题产生的根源，从而有的放矢地缓解内心的负面情绪，也消除心中的巨大压力。

愤怒的原因是多种多样的，小学生原本就心思简单，他们因为性格发育不完善，人生经验匮乏，也因为内心不够强大，常常因为各种鸡毛蒜皮的小事和身边的人发生矛盾。尤其是在小学高年级阶段，孩子进入青春期，更加暴躁易怒，与人相处时也很容易发生矛盾和争执。对于孩子愤怒的情绪，父母不要不分青红皂白直接就否定，而是要首先认可孩子的心理感受和体验，然后再循序渐进引导孩子找到内心的平衡点。要知道，在孩子心目中，父母的分量是很重的。有些孩子自我认知能力匮乏，他们还会借鉴父母对他们的评价。由此可见，父母一定要慎重对待青春期孩子，不要总是口不择言地对青春期孩子说出刺激性的话。

进入青春期之后，孩子的内心是脆弱而又敏感的，父母唯有怀着适宜的态度和方法对待孩子，才能融洽亲子关系，也让家庭教育事半功倍。如果孩子总是与父母针尖对麦芒，在遇到难题的时候也不愿意向父母倾诉，那么他们的内心就会因为承受巨大的压力而扭曲变形。记住，任何时候都不要被愤怒的情绪驾驭和驱使，越是在内心焦虑紧张的时候，越是要摆正心态，保持情绪的平静，这样才能理性地对待和解决问题。如果在愤怒驱使下做出失去理智的事情，只会让情况变得更加糟糕。

青春期如何面对早恋

最近这段时间，妈妈发现杰米变得特别注重自己的形象。以往，妈妈总提醒杰米换衣服，杰米都置若罔闻，因为他觉得很麻烦。现在，杰米不但每天洗澡，换洗衣物，而且特别喜欢在镜子面前臭美。有一个周末，杰米出门前整整在镜子面前逗留了十五分钟，这比他平时敷衍了事地只用十五秒洗脸刷牙截然不同。杰米居然用了爸爸的摩丝，妈妈更感到奇怪。

下午回家的时候，杰米情绪沮丧，和中午出门的时候判若两人。是什么事情让整天都乐呵呵的杰米这么消沉呢？妈妈一下子想到了两个字——早恋。当然，妈妈不能对杰米妄下定论，而且妈妈也不知道如何面对早恋的杰米，为此她决定静观其变。经过一段时间的观察之后，妈妈发现杰米真的在恋爱，有的时候，他居然让妈妈给他做寿司带到学校去与同学分享。看着时而狂喜、时而灰心沮丧的杰米，妈妈心中有些焦虑。

正如歌德所说，哪个少男不善怀春，哪个少女不善钟情。进入青春期，孩子的性意识萌芽，性心理不断发育成熟，为此他们对于异性从排斥到产生浓厚的兴趣，也难以避免要面对成长中对于爱的初体验。其实，爱情本身没有早晚之分，只不过因为青春期孩子要以学习为重，而且身心发育不够完善，所以不能深刻地理解和把握爱情，为此父母才说他们是早恋。

很多父母一听到孩子早恋，总是如临大敌，觉得孩子很容易在早恋的苦涩中受到伤害。其实不然。对于爱情的渴望是孩子正常的情感需求，对于异性的喜爱也符合孩子性心理的需求，所以父母要以正确的态度对待孩子早恋，而不要因为过分紧张焦虑无形中影响孩子。

细心的父母会发现，孩子早恋之后言行举止都会发生改变，所以父母只要用心观察，很容易就会发现孩子早恋的蛛丝马迹。在确定孩子早恋之后，父母又要怎么做呢？有些父母忙不迭地禁止孩子恋爱，殊不知，哪里有压迫，哪里就有反抗，父母越是禁止孩子恋爱，孩子越是会反抗父母，违背父母的意愿，把对异性朦胧的好感向着爱情靠拢。所以明智的父母在发现孩子早恋的迹象之后，不会不分青红皂白就禁止孩子恋爱，更不会以强制的手段强迫孩子放弃早恋。从本质上而言，青春初期的孩子根本不懂什么是真正的爱，他们只是在性意识的冲动之下对于异性非常好奇，也会在性意识的驱使下，对于异性产生朦胧的好感。如果父母在此期间并不对孩子横加干涉，那么他们在享受过雾里看花的早恋之后，也许就会保持理性和冷静，从而自然而然地结束对于异性的好感。

由此可见，孩子在早恋的道路上能走多远，其实很大程度上取决于父母对待早恋的态度。父母要是能按捺住质疑孩子的冲动，也给予孩子更大的自由空间去思考爱情的真谛，那么孩子就不会如同飞蛾扑火般扑向一段确定的感情。相反，如果父母态度强硬激烈，就会对孩子产生向外的推动力，孩子甚至有可能因为不堪承受父母施加的压力，而在这段青涩的感情之中更加毫无保留地投入和付出。所以，父母一定要端正态度对待孩子早恋，也要相信孩子能够把握自己，从而避免受到早恋的伤害。

网络游戏对于青春期孩子的影响

妈妈发现，杰米已经有一段时间没有特别关注形象了，妈妈不由得松了一口气：杰米青涩的早恋终于结束了。然而，好景不长，妈妈发现杰米迷恋上了比早恋更可怕的东西，那就是网络游戏。一开始，看着杰米颓废沮丧的样子，妈妈没有限制杰米玩游戏，想着情场失意，牌场得意，就让杰米在游戏中发泄下受伤的感情吧！

然而，杰米玩游戏越来越严重，有一次，妈妈发现杰米居然在网络上看黄色图片。妈妈这才意识到网络游戏的危害性，也开始担心杰米会因为沉迷于网络而做出失去控制的事情。因为觉得杰米正处于情绪敏感的时刻，妈妈没有盲目管教杰米，而是在私底下咨询心理医生，想了解青少年沉迷于网络和游戏的原因，从而有的放矢地管教杰米。心理医生告诉妈妈："如今，青少年沉迷于网络的情况很常见，而且有愈演愈烈之势。这是因为游戏迎合了孩子的思想，让孩子得到现实生活中无法得到的认可、尊重和肯定，所以孩子才会沉迷于网络游戏。"妈妈问医生："那么，如果孩子一直沉迷于网络游戏怎么办？"心理医生说："父母要给孩子更多的关注，帮助孩子更加积极主动地融入现实生活。这就和吃饭是一样的道理，如果孩子有大餐可以吃，又为何要吃难吃的快餐呢？实际上，对于孩子而言最重要的是在现实生活中得到满足，而不是在网络中沉迷。所以孩子沉迷于网络游戏实属无奈之举，父母要多多理解和体谅孩子，也要给予孩子更多切实的温暖，孩子才会从网络游戏中脱身而出，从而更加热爱现实生活。"听了医生的话，再联想杰米在对网络游戏感兴趣之前，经历了一段青涩的早恋，妈妈更加确定杰米是想从网络游戏中寻求安慰。为此，妈妈当机立断想出各种办法帮助杰米，也组织各种有趣的活动邀请杰米参加。果然，杰米渐渐地摆脱网络游戏，又开始与同学们愉快地相处。

心理学家经过研究发现，青少年之所以沉迷于网络，是因为他们内心苦闷，无处排解忧郁的情绪，所以才会在网络上寻找寄托。如果父母能够多关注孩子的心灵成长，也满足孩子对于情感的需求，那么孩子又何必从网络中寻找寄托呢？细心的父母会发现，很多优秀的孩子真的是被夸大的，在父母的认可与赞赏中，他们更加努力，也主动付出。相反，那些总是被父母批评和否定，也常常陷入抑郁情绪中的孩子，才会无奈地躲入网络的世界。

所以，父母千万不要逼着孩子进入网络，而是应该在现实生活中为孩子营造良好的家庭氛围，让孩子在成长的过程中始终感受到父母的爱与关注。这样，孩子内心满足，自然不会对父母失望，也不会认为现实生活枯燥乏味。

很多父母误以为，沉迷于网络的孩子就是坏孩子，其实不然。孩子沉迷于网络，除了对现实不满之外，也有可能是因为他们缺乏自控力。毕竟在现代社会，随着时代的发展，网络已经走入了千家万户，也在生活中非常普及。所以，父母既要引导孩子不要浪费过多的时间和精力在网络上，也要努力增强孩子的自制力，让孩子合理有效地管理自己，从而避免在网络上过度放纵。当然，父母也要以身示范，给孩子积极的影响作用。很多父母本身就是低头族，也很喜欢打游戏，还如何给孩子做出好榜样呢？

当然，凡事皆有度，过度犹不及。父母也不要严厉禁止孩子接触网络，毕竟网络是现代社会生活的必需品，而且过度限制反而会激发孩子的逆反心理。只有对孩子适度引导，也给孩子一定的时间接触网络游戏，才能消除孩子对于网络游戏的好奇心，也增强孩子的自控力，让孩子积极主动地管理自己。

理性对待孩子的异性朋友

这一天，妈妈因为外出办事情，所以早早下班。妈妈回家的路上正好经过彤彤的学校，就临时决定在校门口等待彤彤，和她一起回家。眼看着放学的时间到了，妈妈盯着校门口，生怕一不留神没看见彤彤。学校里的孩子基本都走光了，也没看到彤彤的身影。妈妈一开始以为彤彤在处理一些事情，便耐心地等待。然而，半小时后仍没看见彤彤，妈妈心急如焚，拔掉车钥匙，正准备下车去学校找。这个时候，妈妈看到彤彤和一个男孩一起走出来。看起来，他们关系很亲昵，一边走着，还一边说说笑笑。妈妈的心猛地提到嗓子眼：难道彤彤早恋了吗？妈妈不想打草惊蛇，一直悄悄跟在彤彤身后观察，那个男生居然把彤彤送到小区门口，才折返离开。看来，这不是顺路，而是特意送彤彤的。

回到家里，妈妈坐如针毡，既想马上问清楚彤彤和男孩是什么关系，又怕一着不慎与彤彤爆发冲突，导致彤彤噤声。吃饭的时候，妈妈装作漫不经心的样子问彤彤："彤彤，我今天听单位的朱大姐说，她家女儿才上小学四年级，班级里都有同学谈恋爱了。你呢，你都六年级了，你们班里有没有谈恋爱的？"彤彤听到这个问题，抬起头诧异地看着妈妈："妈妈，你吞吞吐吐做什么呢？你想问什么就直接问！"被彤彤这么一激将，妈妈按捺不住，直接问彤彤："彤彤，你和下午那个男生什么关系？"彤彤瞪大眼睛看着妈妈："妈妈，你居然跟踪我？"妈妈说："没有，没有，我只是今天办事恰巧路过你们学校，其实妈妈是很信任你的。"彤彤说："你要是信任我，就不会质问我。我和那个男生就是好朋友、铁哥们儿。"妈妈语重心长地对彤彤说："彤彤，你已经是个大姑娘了，和男生相处要把握好分寸，好吗？不然，同学们会说闲话的！"彤彤不以为然地对妈妈说："同学们都知道我和他是铁哥们儿，闲话是你说的，班级里可没有人说！"就这样，妈妈和彤彤闹得不欢而散。后来，彤彤接连几天都躲着妈妈，不愿意和妈妈正面接触。

当发现孩子有异性朋友的时候，父母一定要端正态度，不要觉得孩子结交异性朋友，就一定是早恋。其实，对于很多孩子而言，他们与异性之间完全是两小无猜，是父母想多了，才会误解他们的关系。所以，父母要尽量把孩子与异性之间的关系往好处想，而不要一上来就怀疑孩子与异性之间不是单纯的朋友，而是复杂的早恋。不得不说，有的时候是父母的心太过复杂，而不是孩子的关系复杂。

前文说过，孩子在青春期萌发出性意识，性心理也在不断发展，这都是正常的。父母要宽容地接纳孩子在青春期的各种表现，也要有的放矢地指引孩子成长，而不要以错误的方式导致与孩子之间的关系恶化。原本，对于青春期的孩子而言，早恋就是一个敏感话题，父母更要慎重对待孩子在青春期的早恋。

不可否认的是，没有任何人可以改变孩子成长的节奏，父母也无法改变孩子的成长。只有坦然接纳孩子，悦纳孩子的成长，才能建立更加和谐的亲子关系，也成功地打开孩子的心扉，走入孩子的内心。早恋是一朵带刺的玫瑰，带给孩子的不但有浓郁的芳香，也有被刺伤的危险。父母既不要排斥和抗拒孩子早恋，也不要因为过分紧张而给孩子扣上早恋的帽子。正所谓该来的总会来，就算父母对孩子早恋很紧张，也不能改变什么，既然如此，还不如既来之则安之，给孩子最好的对待和宽容的心态。

第 10 章 青春期，关键注意孩子心理问题

什么才是真正的义气

有一天晚上，已经九点多了，乐乐刚刚洗完澡准备入睡，妈妈就接到了乐乐好友赵伟妈妈的电话。赵伟妈妈在电话里焦急地对乐乐妈妈说："乐乐妈妈，请你一定要帮忙问问乐乐，他是否知道赵伟的去向。这个孩子昨天考试没考好，被我和他爸爸一通教训，今天放学之后就不见人影，到现在也没回家。"同为妈妈，当然能理解赵伟妈妈的心情，为此妈妈第一时间就找乐乐问清楚情况。一开始，乐乐毫不迟疑地告诉妈妈："不知道！"妈妈以为乐乐真不知道，就把情况告诉了赵伟妈妈。

然而，睡觉之前，妈妈翻来覆去睡不着：今天乐乐回答"不知道"的时候也太快了吧，他怎么知道我在问什么呢？看来，他不是不知道，而是早就知道我要问他，提前就在心里作好准备了。为此，妈妈穿上睡衣起床，找到乐乐再三询问。即使乐乐闭口不言，妈妈也没有放弃。她语重心长地对乐乐说："乐乐，朋友义气可不是这个时候该讲的。你知道吗，赵伟妈妈都要急疯了，而且你们的几位老师和学校的领导，都在外面找呢！最可怕的是，如果赵伟落到坏人手里，他想逃脱就很难了，也许一辈子再也回不了家。这件事情的后果非常严重，超乎你的想象，你要是为了哥们儿义气保守秘密，很有可能害了赵伟。"听到妈妈说得这么严重，乐乐感到迟疑，最终对妈妈说："他应该是去附近的一座城市找他的表哥了，我听说他的表哥在那里当保安。"妈妈赶紧把这个消息告诉赵伟妈妈，赵伟妈妈也连夜驱车赶往赵伟表哥所在的城市。果然，等到赵伟从车站下车的时候，妈妈已经在车站等着他了。

在这个事例中，乐乐为了讲哥们儿义气，不愿意把赵伟的去向告诉妈妈。幸好妈妈非常敏感，意识到问题所在，对乐乐不断地追问，才知

道赵伟的行踪。妈妈说得很对，人可以讲哥们儿义气，但不能盲目地讲哥们儿义气。如果赵伟没有被及时找到，万一遇到坏人，真的会有非常严重的后果。

从一开始崇拜父母，到在幼儿园和小学中低年级崇拜老师，再到进入小学高年级，孩子们对于同伴非常感兴趣。他们渴望与同龄人交朋友，也希望自己能够融入同龄人的队伍中，与同龄人友好相处。尤其是男孩，总是很讲哥们儿义气，但是他们忽略了一个事实，那就是作为同龄人，他们全都缺乏自制力，也不能理性地分析和判断问题，为此在处理很多事情的时候常常陷入被动的状态，也因此而让自己深陷泥沼。

有心理专家在对青春期孩子进行安全教育的时候，特别提出有困难要孩子向父母或老师求助，而避免向同龄人求助。这就是因为同龄人和他们一样都处于青春期，都很躁动不安，也很幼稚浅薄，所以往往会给他们出不恰当的主意，甚至导致事情朝着相反的方向发展。父母一定要尊重孩子，得到孩子的信任，这样孩子在遇到难题的时候才会向父母求助，而不会盲目地做出失去理智的事情。当然，父母要想赢得孩子的信任也是很难的，尤其是青春期孩子独立自主的意识很强烈，他们很想摆脱父母的约束和禁锢，享受自由自在。那么父母也要与时俱进，跟随孩子的成长，给予孩子更多的自由空间，这样孩子在遇到难题的时候才会向父母求助，父母才能及时了解孩子的思想动向，帮助孩子全力以赴，砥砺前行。

女孩，要学会保护自己

作为护士学校的学生，小张非常善良，而且医者仁心，还没有走上工作岗位，就很乐于帮助身边的人，尤其是那些无助的人。有一个周末，小张在学校图书馆看书学习，利用午休的时间走出校门买水果。在水果摊上，一个孕妇和小张同时买了很多水果。看到水果那么重，小张好心提醒孕妇："你的身体不方便，买这么多能拿得动吗？"孕妇对小张笑了笑，说："的确很重，不过我家里要来客人，能麻烦你帮我提一些到小区吗？你是护士学校的吧，正好顺路，我就住在你们学校附近的小区。"这种举手之劳的小事，小张又不吝啬力气，当即同意了孕妇的请求。

小张把自己的少量水果装在背包里，两只手拎着孕妇买的水果，一直把孕妇送到小区门口。这个时候，孕妇经过一路与小张攀谈，彼此已经熟悉起来，为此邀请小张："你可真好，我家住在六楼，你可以帮我送到楼上吗？"小张想：送佛送到西，就帮她送到楼上吧，毕竟上楼对于大腹便便的孕妇来说的确难度很大。到了六层小张把水果放下准备离开，孕妇再次邀请小张："去我家里坐坐吧，我家里白天就我自己，实在太无聊了！"小张想：坐坐也没关系，和我们学校还是邻居呢！小张万万没想到，从踏入孕妇家门的那一刻，她的命就再也不属于自己。

原来，孕妇是真的孕妇，但也是真的帮凶。因为孕妇进入孕晚期，无法满足丈夫的性欲望，所以她就去外面拐骗了小张回家。他们把小张控制起来，孕妇的丈夫对小张实施性侵犯。小张想要逃跑，却被孕妇的丈夫残忍地杀害。

小张为何会遇害呢？就是因为小张太过善良，也缺乏自我保护意识。随着社会的发展，坏人的犯罪手段也在不断发展。在如今大多数人的防范心理都很强的情况下，很多坏人正是利用人们的善良心理对他人展开迫害。记得网络上的骗术大揭秘中，还有人提醒那些单身的女性朋友，如果在夜晚的时候听到门口传来孩子的哭声，一定不要打开门查看情况，因为这正是一种新型的骗术，主要在于欺骗善良的女性打开房间的门，让犯罪分子有机可乘。

任何时候，都不要以恻隐之心给予他人侵害自己的可乘之机。我们的确要助人为乐，但是也要怀有警惕意识，保护好自己。所谓害人之心不可有，防人之心不可无，说的就是这个道理。在这个社会上，坏人好人并没有明确的标志，所谓画虎画皮难画骨，知人知面不知心，既然坏人脸上没写字，女孩就要为了保护自己而付出更大的努力。

现实生活中，危险无处不在、无孔不入。不管什么时候，孩子的安全都是父母最关心的事情，尤其是女孩，更容易成为坏人的侵害对象，因而成为父母的牵挂所在。父母除了要叮嘱女孩好好照顾自己之外，更要提醒女孩将安全防范措施落到实处。安全问题必须警钟长鸣，对于女孩而言，安全意识更强一些，只有好处，而没有坏处。当然，在日常生活中，父母也要给孩子做好榜样，如果父母是马大哈，总是轻信别人，孩子对于安全问题的警惕心理也会放松。

男孩也有可能面临性骚扰和性侵害

很多父母对性骚扰和性侵害，都有一个误解，即觉得只有女孩才会遭遇性骚扰和性侵害，实际上，被性骚扰和性侵害可不是女孩的专利，男孩在成长的过程中，也可能遭到性的伤害。如果父母没有这方面的意识，也没有有意识地培养男孩保护自己的能力，那么男孩受到伤害的可能性就更大。

父母是孩子的监护者，孩子从最初降临人世开始，就在父母无微不至的照顾和保护下成长，为此很多孩子根本没有安全意识。但是随着不断地成长，孩子从进入幼儿园开始就要离开父母的身边，到进入小学就以更加独立的姿态步入社会。在此过程中，父母除了要培养孩子的生活自理能力之外，还要有的放矢地增强孩子的自我保护意识，培养孩子的自我保护能力。在教会女孩进行自我保护的同时，父母也要培养男孩保护自我的能力，让男孩对于性安全同样警钟长鸣。

男孩遭遇性伤害，施害者有可能是异性，也有可能是同性，还有可能是那些心理变态的人。当然，性骚扰和性伤害的方式也是多种多样的，父母在对男孩开展性教育的时候，就可以告诉孩子怎样的行为可以被归入性骚扰和性伤害之中。这样，在遭遇伤害的时候，男孩才能意识到伤害的发生，也才会及时向父母求助。对于孩子的性保护，父母一定要提高警惕，也要足够重视。

日常生活中，大多数父母更加关注孩子的人身安全，觉得性骚扰、性侵害几乎不会发生在男孩身上，这样的想法是狭隘的，也是错误的。孩子尚小时，父母可以对孩子进行全方位的保护。然而，随着年纪增长，孩子不可能一直在父母的保护下成长，他们总要长大，离开父母的身边，独自行走世界，那么培养孩子自我保护的意识和能力，就是至关重要的。

和女孩遭受性伤害一样，当男孩遭受性伤害的时候，父母也要采取正确的态度和方式对待。实际上，性伤害带给孩子的痛苦一方面是身体上的，另一方面是精神上的。通常情况下，精神上的伤害带给孩子的负面作用更强。因而父母在伤害发生之际，在确保孩子身体没有大碍的情况下，一定要第一时间关注孩子的心灵。如果有必要，还可以求助专业的心理医生，让心理医生对男孩展开心理疏导。毕竟身体上的创伤可以医治，心灵上的伤害却难以发现，父母也要以恰当的态度对待孩子所面临的伤害，从而避免因为态度强烈而给孩子带来二次伤害。

第11章
和孩子共同成长，父母也要成为更好的自己

没有人生来就会当父母，就像有人曾经说过的那样，这个世界上大多数职业都有岗前培训，唯独当父母是没有岗前培训的，而当父母又是这个世界上最伟大的职业，需要倾注毕生精力。为此，父母一定要和孩子共同成长，既要成为更好的自己，也要以身作则，才能陪伴孩子健康快乐地成长，创造和享受充实的人生。

父母以身作则很重要

一直以来，爸爸妈妈都教育哲哲在公共场合，人多的情况下，一定要排队。但是有一次，爸爸妈妈带着哲哲去上海迪士尼玩耍，因为人太多，很着急，所以就见缝插针，还有插队的行为。为此，哲哲当即指出爸爸妈妈的错误："爸爸妈妈，你们不是说不能插队吗？为何刚才还要插队呢？插队是不对的！"听着哲哲义正词严的话语，爸爸妈妈也很羞愧，但是他们实在是太着急了。妈妈说："哲哲，咱们已经买好了晚上的车票，就要离开上海。如果不插队，你只能玩很少的项目。"哲哲嘟囔着说："说不定别人也和咱们情况一样呢！"爸爸听到哲哲这么说，赶紧向哲哲承认错误："的确，哲哲，着急也不能插队。我们接下来好好排队，如果有的项目玩不到，就等以后来上海的时候再玩，好不好？"哲哲点点头。

在教育孩子方面，父母的身教胜于对孩子的言传。很多父母一味地对孩子展开理论教育，却忽略了要以身作则。这样，孩子未免会感到困惑：为何父母是那么说的，却又是这么做的呢？因而父母在孩子面前一定要做到言行合一，这样才能让孩子意识到父母的语言力量是非常强大的，也知道父母的确对于他们有着很高的要求和迫切的希望，唯有如此，父母与孩子之间才能更好地相处，才能在教育孩子方面收到事半功倍的效果。

第 11 章 和孩子共同成长，父母也要成为更好的自己

父母的言传身教，对于孩子有实实在在的意义和作用。很多父母都抱怨如今的孩子越来越难管，却丝毫没有意识到自己作为孩子的标杆做得怎么样。俗话说，只许州官放火，不许百姓点灯，如果父母对于孩子采取这样的态度和方法，那么对于孩子而言，这一切就是非常糟糕的。父母要知道，不是孩子越来越难管，是因为父母没有和孩子统一言行。对于孩子而言，他们从出生就和父母在一起，在父母无微不至的照顾下，他们茁壮成长。为此，父母对于孩子的言行举止非常熟悉和了解，孩子对于父母的言行举止也铭刻在心。很多父母误以为孩子还小，对于很多事情都不太明白，实际上这是对孩子的误解。孩子的心灵是非常敏感的，孩子的眼睛是雪亮的。父母在孩子面前一定要对自己高标准、严要求，这样才能给予孩子更好的情感体验。

尤其是在家庭生活中，父母既要对孩子进行言传，也要更加注重对孩子进行身教。当父母在孩子面前以身作则，孩子就会受到潜移默化的影响，即使不给孩子进行太多的言传教育，孩子也会非常积极、努力奋进。正如人们常说的，父母是孩子的老师，孩子是父母的一面镜子。当孩子出问题的时候，父母与其对孩子颐指气使，甚至严厉指责，不如当即反思自己，看看自己作为父母对于孩子有哪些地方做得不对，或者不好。这样，才能对孩子起到积极的引导作用，也有的放矢地帮助孩子调整心态，做得更好。

现实生活中，细心的人会发现，在十字路口等待过马路的时候，当看到其他人闯红灯，原本还老老实实排队等待的人也会跟着一起闯红灯过马路。这就是从众心理对人的影响，这还仅仅是陌生人之间从众心理的表现。换作是亲密无间的亲子关系，让父母去影响孩子，则效果会更加显著。在日常生活中，父母要想帮助孩子养成良好的生活习惯、学习

习惯，就一定要身先示范，以自己的一言一行为孩子树立积极的榜样，这样才能与孩子携手并肩共同进步，才能让孩子有更大的进步，获得更好的人生。

家庭教育中，父母要注意方式方法，并统一口径

在一次月考中，乐乐的成绩不太好，为此爸爸非常严厉地批评和训斥乐乐。从放学五点到家，爸爸就开始训斥乐乐，整整一小时过去了，爸爸还在针对试卷上不该错的题目对乐乐展开严厉教育。这个时候，妈妈做好饭，喊道："来吃饭了！"其实，妈妈是故意赶紧做好饭的，因为她看到爸爸对乐乐这么严厉，很心疼乐乐。爸爸对妈妈的喊声不以为然，继续和乐乐沟通。乐乐虽然肚子饿得咕咕叫，而且心里也迫不及待想要逃离爸爸，却没有办法离开。

大概过去五分钟，妈妈实在忍不住，走到房间里喊爸爸和乐乐吃饭。妈妈有些不耐烦地说："吃饭了，天气冷了，饭菜冷得快。"爸爸对此不以为然，说："冷了就热热再吃！"妈妈忍不住生气地喊道："你这个人怎么回事，孩子考试不理想，批评一小时也足够了，你还准备不让他吃饭睡觉吗？"听到妈妈这句话，原本自知理亏一直在忍耐爸爸批评的乐乐，突然矫情地哭起来："我的肚子都饿疼了，我的头也很晕。"妈妈听到乐乐不舒服，赶紧强行带着乐乐去吃饭，只剩下爸爸气得吹胡子瞪眼睛。

且不说爸爸批评乐乐这么久是对还是错，但是妈妈的做法一定是错误的。在教育孩子方面，父母一定要保持统一战线，而不要为了护着孩子，

就在另一方教育孩子的时候，当着孩子的面公然提出不同意见。当然，教育孩子是父母的共同职责，这里不是说父母不能教育孩子，而是说即使有不同意见，也应该在教育孩子之前，或者在教育孩子之后进行沟通，而不要当着孩子的面唱对台戏，否则就会导致教育效果大打折扣。

孩子是非常聪明的，他们会观察父母在教育方面的不同态度。所以父母在教育孩子时应该成为同盟军，而不要内部斗争，给孩子逃避教育的可乘之机，否则将不利于孩子的成长。尤其是如今的孩子，很讲究民主、平等与自由，在家庭教育中，孩子对于父母的预期很高。因而父母教育孩子必须讲究方式方法，确定好教育孩子的对策。虽然孩子是父母的心肝宝贝，不是父母的阶级敌人，但是孩子毕竟还小，缺乏自制力，为此他们在成长过程中难免做出投机取巧的事情。所以父母要对孩子进行教育和监督，这样才能帮助孩子发掘自身潜能，也渐渐地培养孩子的自控力，让孩子在成长之余，拥有更多的收获和更加美好的未来。

统一战线，不仅表现在教育孩子的时候说辞相同，也表现在父母的相互配合，还表现在家庭规则的唯一性。很多有了孩子的父母都会发现，在没有孩子之前，夫妻感情是很单纯的，也很容易维护。但是在有了孩子之后，夫妻关系则变得剑拔弩张。尤其是对于家庭规则的制订，父母也往往怀着不同的意见和态度，导致孩子在成长过程中陷入困境，内心惶惑。其实，一条规则不管是否起到最大化作用，只要在坚持合理的原则下，能够得到全家人的统一执行，就是好的规则。如果规则成为家中的摆设，对于孩子丝毫没有约束的力量，则一定会让孩子非常为难，孩子也无法在遵守规则的过程中提升和完善自己。

在此过程中，父母要成为孩子的榜样，率先尊重和执行规则，而不要总是无视规则。否则，父母所制订的规则就会被父母率先带头破坏，导致孩子也根本不愿意遵守规则。一定要记住，每个孩子都是降落人间的小天使，父母要想让孩子变得更加优秀、出类拔萃，就要发自内心地尊重孩子，也努力帮助孩子更好地成长。父母今日的努力，都会成为孩子明日成功的阶梯，父母付出多少与孩子收获多少，往往是密切相关的。

父母要对孩子一诺千金

古时候，有一个叫曾子的人特别有才华，而且为人正直公道，尤其信守诺言。其实，曾子不但对外人信守承诺，即使对孩子，也是很遵守诺言的。为此，人们都说曾子是真君子。

有一天，家里的柴米油盐快用完了，曾子的妻子和邻居约好一起去赶集。听说妈妈要去赶集，儿子也叫嚷着要去，但是赶集的地方很远，带上孩子就是给妈妈添累赘，为此妈妈拒绝了儿子的请求。儿子不停地哭，哭得妈妈实在没办法，只好承诺儿子："乖儿子，你在家里等着，妈妈赶集回来就给你杀猪吃肉。"当时，只有逢年过节的时候才有猪肉吃，为此听到妈妈的话，儿子马上两眼冒光："真的吗？"妈妈信誓旦旦地说："真的，妈妈保证！"就这样，儿子乖乖留在家里等着妈妈，还在妈妈离开家之后搬了个凳子坐在家门口，眼巴巴地看着妈妈离开的小路。傍晚时分，曾子回到家里，看到儿子坐在门口，问："儿子，你坐在这里做什么呢？"儿子说："爸爸，我在等妈妈呢！"爸爸又问："你等妈妈干什么？"儿子说："妈妈说，等她赶集回来就给我吃肉。"听到儿子的话，曾子眼看着天色已晚，对儿子说："儿子，这样吧，你先去和爸爸一起磨刀，等到妈妈回来就杀猪吃肉，好不好？"儿子点点头。

妻子赶集回来才走进院子，就听到曾子霍霍磨刀的声音。妻子问曾子："不年不节的，你这是干什么？"曾子反问妻子："你不是告诉儿子要杀猪吃肉吗？"妻子忍不住笑起来："我是为了哄他不缠着我去赶集，才故意这么说的。"曾子正色说道："你今天骗了孩子，未来孩子就会去骗别人，失去了诚信，还如何立足人世呢？"妻子觉得曾子说的话很有道理，赶紧放下手里的东西帮忙杀猪。当天晚上，他们不仅吃了香喷喷的猪肉，还把猪肉分给村里的人吃呢！

"曾子杀猪"是个流传已久的典故，在这个故事里，曾子杀掉了一家人眼巴巴盼着到过年才能吃的猪，只为了兑现妻子对孩子的承诺。与曾子恰恰相反，很多父母在现实生活中，根本不把对孩子的承诺放在心上，而常常为了哄孩子随口对孩子作出承诺，而在孩子要求兑现承诺的时候，父母又敷衍孩子。不得不说，这样的做法下，孩子如何能够形成诚信的品质呢？

不可否认，父母在对孩子有所承诺的时候，都是为了缓和亲子关系，也有可能是为了激励孩子，为此他们口不择言，总是随随便便对孩子作出一些诱人的承诺。等到要兑现承诺的时候，他们又面临各种各样的困难，为此从本心角度而言不愿意对孩子兑现承诺。不得不说，孩子是不知道父母有何实际困难的，他们只知道父母只要作出承诺，就应该努力兑现，否则就是说话不算数。对于孩子而言，父母说话不算数不但会影响他们的切身利益，而且会对他们起到负面的影响作用，导致他们在无形中也把诺言看得很轻，不愿意兑现诺言。有的孩子从小就爱撒谎，与父母总是不负责任地对孩子说出一些话却无法做到，有着密不可分的关系。

为了避免作出承诺又无法兑现，父母一定要控制好自己的嘴巴，不要随随便便就以承诺敷衍孩子。在对孩子作出承诺之前，父母要确定的至关重要的一点，就是自己能否实现承诺。不得不说，若承诺泛滥，对于父母而言就是一种沉重的负担，既然不能食言，就要想着如何对孩子兑现承诺，想方设法排除万难，实现对孩子许诺的一切。所以父母不要随便许诺，因为孩子会把父母的诺言看得重如千金。

现实生活中，还有些父母对于孩子的承诺很不合时宜，非但无法对孩子起到激励的作用，反而会对孩子起到反作用。例如，有些父母为了激励孩子认真努力地学习，会用金钱作为奖励，实际上这样的承诺根本就不应该作出，即使兑现也无法对孩子起到积极的激励作用。父母要想让兑现承诺给予孩子积极的影响，在作出承诺之前就要认真想一想这个承诺是否可行，会对孩子的成长起到怎样的影响，从而慎重作出承诺。父母要记住，金钱和物质从来不是激励孩子的良药，反而会把孩子对于学习的内部驱动力转化为外部驱动力，从而影响孩子的学习。

当然，如果孩子在学习方面有出类拔萃的表现，父母给予他们一定的奖励是无可厚非的。但是，奖励的方式方法一定要仔细考虑和选择。就算物质奖励的方式不好，父母也不要在该兑现承诺的时候再反悔，所谓君子一言驷马难追，既然对孩子作出这样的承诺，就要兑现承诺，而在未来承诺孩子的时候，避开物质奖励和金钱奖励，这才是正确的方式。

对孩子食言，不但影响孩子诚信品质的形成，也会导致父母在孩子心目中失去威信。众所周知，孩子是非常信任父母的，一旦父母所说的话在孩子心目中没有分量，那么未来教育孩子的过程中就会面对重重困境。所以明智的父母非常看重自己在孩子心目中的地位，也会想方设法提升亲子教育的效力。

失败是人生进步的阶梯

有一天晚上,妈妈下班比较早,因而吃完晚饭,她就和佳琪一起做游戏。佳琪才上一年级,是一个聪明又漂亮的女孩,在学习上有出色的成绩和表现。妈妈决定和佳琪玩益智游戏,毕竟佳琪已经上一年级。

在进行益智游戏的过程中,佳琪非常努力,但是因为是第一次玩益智游戏,所以佳琪还是没有如愿以偿获得成功。看着佳琪有些沮丧的脸,妈妈对佳琪说:"佳琪,你不可能每次都成功。"佳琪有些沮丧:"但是我考试的成绩一直都很好啊!"妈妈笑起来:"佳琪,考试只是学习的一个方面,不能代表全部。而且,一个人学习好,也不代表在每件事情上都能做得很好。要想提升,最重要的是正确面对失败。例如,你因为失败一蹶不振,那么日久天长,你就会陷入困境。再如,如果你即使失败了,也能再接再厉,那么未来就能有所进步。"听了妈妈的话,佳琪似懂非懂地点点头。后来,妈妈又对佳琪说:"那么,我们接着做游戏吧,你要相信,你通过努力一定能进步!"果然,在接连很多天都在做这个游戏之后,佳琪有了很大的进步。

父母要教会孩子很多东西,其中,最重要的就是教会孩子如何面对失败,坚持进步。在成长的道路上,很多孩子一旦遇到坎坷挫折就会马上放弃,这是因为他们根本不知道如何坚持进取。有的时候,他们也会被失败彻底打败,无法享受充实快乐的人生。有人说人生是一场旅程,其实对于人生的旅程而言,只有坚持走到最后的人,才能看见最美丽的风景。

有人说,失败是成功之母;有人说,失败是人生进步的阶梯。要想让孩子拥有一颗对人生积极热情的心,父母就要给孩子做好榜样,与孩子一起坦然面对失败。遗憾的是，现代社会有太多的父母面对孩子的成长，都会陷入困境。尤其是在全民教育焦虑时代，父母在面对孩子并不如意的学习成绩，以及没有如愿以偿得到奖项的现状时，往往无法淡定从容。不得不说，对于孩子而言，这是非常糟糕的，也会给孩子带来内心的沉重打击。明智的父母除了照顾孩子的吃喝拉撒、督促孩子努力学习，更会关注孩子的心灵，从而引导孩子在漫长的人生道路上理性地努力，执着地向前。

实际上，孩子的本心对于成功或失败并没有那么强烈的渴望。功利心更强的，往往是父母。通常情况下，孩子的想法非常简单，他们即使遭遇失败，也不会把失败放在心上，更不会因此而一蹶不振。面对失败，孩子如果想要继续尝试，他们就会再来一次。孩子如果不想再玩相同的游戏，或者不想再尝试一次，他们就会放弃。这都是孩子的本能反应，原本无可厚非，现在糟糕的在于，父母总是逼着孩子在失败的道路上一蹶不振，或者就像打了鸡血一样激励孩子，让孩子也变成不折不扣的励志"男神"或"女神"。不得不说，这完全不符合孩子的身心发展规律，也是很难实现的。

当父母对孩子提出过于苛刻的要求时，不如先反省自身：作为成年人，我们在面对孩子的成长时，又是怎么做的？面对失败，我们真能做到越挫越勇吗？即使很多成年人，在面对失败的时候也会一蹶不振，或者怨天尤人，或者自怨自艾。实际上，每个人都有趋利避害的本能，每个人都希望自己的人生更加充实璀璨，而不愿意在人生的道路上始终与失败相依相伴。为此，父母首先要做到正确面对失败，其次不要对孩子提出不切实际的苛刻要求。

失败和成功，原本是一对孪生兄弟，很多时候，它们都是相依相伴

而行的。每个人都希望自己的人生花团锦簇、芳香浓郁，但是这样的理想并不容易实现。只有让自己的内心更加坚定勇敢，也让自己的心中充满坚强的力量，我们才能以失败为阶梯，踩踏着失败不断努力前行。由此可见，父母要想让孩子正确面对失败，就一定要鼓舞孩子积极进取，唯有让孩子拥有内心充实的力量，孩子才能笑着面对人生的不如意，才能激发起人生中坚定不移的力量，从容地面对人生的坎坷与挫折。

人生不如意十之八九，每个人都难免要经历人生的坎坷挫折，所以人生可以不懂得如何享受成功的繁花似锦，却一定要懂得如何面对失败的落寞黯然。任何时候，只有坚定不移地勇往直前，在人生的道路上才能不断前行，拥有成功的伟大力量。父母在教育孩子的过程中，也不要过于急功近利，而是要努力坦然，在给孩子做好榜样的同时，也激励孩子共同进取、绝不畏缩。正如一首歌里所唱的，不经历风雨怎能见彩虹。对于孩子来说，也必须经历更多的磨难与坎坷，坦然面对失败，才能迎来人生柳暗花明又一村的绽放。

宽容有爱，孩子才能快乐成长

小小正在读小学一年级，才六岁半，不过妈妈明显感觉到小小比幼儿园时成熟和稳重很多，而且内心也更加宽容。妈妈不由得感慨生命的神奇魔力，在此之前，妈妈经常教育小小要对人友爱，小小都不以为然。看到小小如今的转变，妈妈感到非常欣慰。

国庆节过后没多久，小小因为受凉感冒了，妈妈带着小小去儿童医院就诊。才来到儿童医院，小小就看到门口有个老奶奶抱着生病的孙子在乞讨。小小想给老奶奶捐款，妈妈原本想告诉小小这样的人之中有很多都是伪装出来的骗子，但是一想到小小正处在宽容有爱品质的培养期，如果打消小小乐于助人的热情，也许小小未来就不会再主动帮助他人。为此，妈妈拿出十元钱给小小，看得出来，小小快乐极了。妈妈暗暗想道：对于孩子来说，也许不需要知道哪些乞讨者是骗子，哪些乞讨者是真正需要帮助的人，只要他们是一个宽容有爱的人，所谓赠人玫瑰，手有余香，他们就会很开心快乐。

让孩子拥有一颗宽容有爱的心，比教给孩子其他东西更重要。西方国家有一句谚语，赠人玫瑰，手有余香，当孩子心中有爱，他们的人生也会充满爱。实际上，父母如果细心，就会发现孩子是很善良的。看到孩子不经意间做出的小小善行，父母的心也应该充满感动和感恩。毕竟对于孩子来说，这善行是发自内心的，应该给予他们更多的爱与包容。

有些父母总是害怕孩子吃亏，因而对于孩子表现出来的善意，父母总是多此一举地提醒孩子不要好心，不要总是帮助别人。殊不知，吃亏是福，当父母总是提醒孩子不要随便付出的时候，孩子看似没吃亏，实际上却失去了很多快乐。对于孩子的善良举动，父母一定要更加支持，让孩子在奉献爱心时没有后顾之忧，且鼓励孩子坚持行善。

善良这种品质并非与生俱来的，父母在后天培养孩子成长的过程中，要更加注重培养孩子的善良品质。正如人们常说的，父母是孩子的第一任老师，父母的言传身教会对孩子起到很大的影响。例如，当父母非常孝敬长辈，那么孩子也会孝敬长辈。还记得中央电视台的一则公益广告吗？妈妈端着水给年迈的老母亲洗脚，孩子也端着水给妈妈洗脚。这就是孝心的代代相传。要想让孩子拥有善良，父母也要给孩子善良的示范，进行言传身教。

一个人唯有拥有善良的心，才能真正宽容地接纳这个世界，才能对于身边的人和事情都非常友好。常言道，心底无私天地宽，善良的人就是心底无私的，他们也会因为包容一切而更加善待自己、接纳世界。现代社会，随着经济的发展，人与人之间的关系变得越来越复杂，有些人在与人相处的时候，都会考虑自己的利益。对于善良的人来说，他们在帮助别人的时候并没有斤斤计较，而是自得其乐。对他们来说，这当然是人生中最美好的体验。父母要记住，孩子拥有一颗善良宽容的心，才是孩子一生幸福美满的保障。

宽容他人，就是宽宥自己

有一天，妈妈带着妮妮去小区附近的公园里玩耍，公园里有个沙坑，妮妮很喜欢玩，她一到公园，就冲到沙坑里，这个时候沙坑里已经有几个孩子在玩了。妈妈叮嘱妮妮："妮妮，要和小朋友们好好玩，不要打架哦！"妮妮点点头。然而，才没过多久，在一边看书的妈妈就听到沙坑里传出哭声，原来妮妮抢了另外一个小朋友的玩具，导致那个小朋友非常生气地哭了。

妈妈问清楚事情的原委，狠狠地教训了妮妮。但是，妮妮有些不服气，对妈妈说："妈妈，那个小朋友不会玩这个沙坑模型，我是教他呢！"妈妈问："你教小朋友，小朋友愿意吗？"妮妮摇摇头，妈妈继续说："那个玩具是属于小朋友的，你不管拿起玩具还是玩玩具，都要经过小朋友的同意。"妮妮有些不理解，妈妈抬起妮妮的手，对着妮妮的手狠狠打了两巴掌，说："不许再抢小朋友的玩具！"妮妮忍不住掉下眼泪。接下来玩耍的过程都很愉快，妮妮没有再抢小朋友的玩具，小朋友还很喜欢和妮妮玩呢！直到中午时分，妈妈和妮妮才离开。

回家的路上，妈妈问妮妮："妮妮，知道妈妈为何打你的手吗？"妮妮点点头："知道，不能抢小朋友的玩具。"妈妈又问："如果想玩，要怎么办？"妮妮说："必须经过小朋友的同意。"看着妮妮乖巧的样子，妈妈不由得后悔自己打了妮妮。为此，妈妈对妮妮说："刚才妈妈打你还疼不疼？"妮妮说："不疼了，都是我不好，妈妈你别生气了。"妈妈此前一直担心妮妮是否会记恨自己，听到妮妮的话，妈妈不由得松了一口气：孩子这么不记仇，也这么善于宽容与原谅他人！妈妈赶紧对妮妮说："妮妮，我没有生气，妈妈只是在纠正你做得不够好的地方，不是真的生你的气，你是最优秀的女儿！"

细心的父母会发现一个现象，那就是当父母还因为各种原因而生气的时候，孩子心中的愤怒早就已经烟消云散了。尤其是在和小伙伴玩耍的时候，即使与小伙伴之间发生什么不愉快，他们也不会牢牢记在心上。正因为如此，孩子之间闹矛盾很快，矛盾烟消云散也很快，父母千万不要因为护犊子，就介入孩子之间的矛盾，因为孩子有他们自己的处理方法。也不要因为孩子犯了错误批评了孩子，就为此耿耿于怀，要相信孩子有一颗宽容的心，也要相信孩子会处理好自己的情绪。

当一个人不愿意宽容他人，他的内心必然被仇恨充满。所以对于每个人来说，要想在漫长的人生旅途中获得快乐，最重要的就是学会遗忘。当然，这里所说的遗忘并不是指遗忘那些美好的事情，而是要遗忘伤害、痛苦、抱怨等。每个人的心就像是一个容器，其容量是有限的，如果装满了负面情绪，那么根本没有地方容纳积极正向的情绪。所以每个人都要学会遗忘，在遗忘中平复自己的心绪，也在遗忘中原谅他人，这样才能最大限度宽宥自己，还给自己幸福快乐的人生。

很多小学生都有斤斤计较的表现，那是因为他们才刚刚开始成长，心智发育越来越成熟，为此他们很容易对自己和他人都过于苛刻。对于这样的成长表现，父母也无须担忧，因为对孩子来说，他们要想变得宽容，总有一个过程。孩子必须渐渐地成长、持续地努力，也要循序渐进地接受生命本来的样子。

大智若愚，才是真智慧

乐乐是一个很较真的孩子，对于妈妈所说的模棱两可或含糊其词的话，乐乐总是表示异议，因为他喜欢把一切都确凿无疑地表达出来。

这次期中考试，乐乐取得了班级第五名的好成绩。妈妈非常高兴，逢人就夸乐乐，也说乐乐是她的骄傲。有一天，家里来了亲戚，问起乐乐这次期中考试的成绩，妈妈满怀激动地告诉亲戚："这次期中考试，我家乐乐在班级里名列前茅！"正在一边玩耍的乐乐赶紧纠正妈妈："妈妈，不是名列前茅，是第五名。第五名离名列前茅还远着呢！"对于乐乐的纠正，妈妈觉得有些难为情，亲戚赶紧说："那也很棒啦，要知道现在学习的难度比起我们小时候，那可是大多了，真是可喜可贺，值得赞许，也希望乐乐继续努力，创造更好的成绩，好不好？"乐乐点点头，说："嗯嗯，我争取做到妈妈所说的名列前茅吧！"妈妈无奈地笑起来，小声对亲戚说："这个孩子就是爱较真！"

妈妈原本想向亲戚显摆乐乐的成绩，为自己获得更多的面子，没想到乐乐不配合妈妈的小小吹嘘，当着亲戚的面就拆妈妈的台。对于乐乐的纠正，妈妈也无话可说，幸好妈妈没有恼怒地指责乐乐，而是选择尊重乐乐的确切说法，否则就会伤害乐乐，对乐乐的心理健康造成不好的影响。其实，孩子这种所谓的"较真"是非常可贵的，意味着孩子坚持自己的内心，也不愿意轻易放弃自己的原则。做有原则的人，对于孩子的成长有莫大的好处。

很多父母都认为孩子不够聪明，总觉得要把孩子培养成八面玲珑的小精灵，才算是教育的成功。实际上，聪明从来不会绝顶，所谓人外有人、天外有天，孩子在成长的过程中总是要接触更多的人，见识到更多的事情，也会认识更多比自己聪明的人。如果比聪明，也没有人能方方面面都聪明绝顶。所以父母教育孩子不要以聪明作为标准，当孩子能够做到大智若愚，才是真智慧的表现。

很多父母对于孩子总是不以为然，觉得孩子小，什么都不懂，所以从不把孩子说的话放在心上。实际上，孩子虽然小，但是心思很细腻，而且他们有着一双纯洁无瑕的眼睛，可以敏锐地观察、深刻地感知，这些对于孩子的成长都至关重要。正因为有着这些特点，所以孩子对于现实世界也是非常较真的，他们不像成人那么圆滑，也不像成人有那么重的烟火气息。孩子总是想要成长，也想最大限度地认清楚世界的虚伪，还给自己一个充满真善美的世界。这就是孩子的本性。所以，父母千万不要误导孩子的本性，更不要急于教会孩子虚伪和狡诈。

很多父母在教育孩子的时候，总是告诫孩子防人之心不可无，害人之心不可有。为此，整个社会人与人之间充满戒备。不可否认的是，现代社会的确有坏人，但是这并不意味着社会上再也没有好人。若父母急迫地为孩子揭开社会生活残酷的表象，则意味着孩子在成长过程中会失去很多的纯真与快乐。任何时候，做人都应该坚持诚信，也要坚持以最真的面目面对他人。当然,我们必须为此付出很大的勇气,也要作好准备付出残酷的代价,才能在与人相处的时候不忌惮暴露自己的本来面目,承认自己的无知和胆怯。但是当整个社会都充斥着各种各样的假面具时,也许我们的真面目显得很苍白和无力,却是绝对真诚和友善的,也是弥足可贵的。记住,任何时候,虚伪和欺骗都无法战胜真诚。所以父母要教会孩子真诚,也要赋予孩子真诚友善的品质,才能让孩子在人生中感受到更多的幸福和悸动。

第 12 章
小升初的指南,为孩子升学择校把脉支招

小学六年即将过去,对于孩子来说,他们即将结束难忘的小学时光,步入新的学习阶段。初中,意味着新的学习征途,为此在小升初的关键时期,父母一定要给孩子强大的助力,也要未雨绸缪指导孩子选择合适的学校,在小升初的考试中努力拼搏一把。毕竟对于孩子而言,如果有机会升入合适的初中学校,对于未来的成长和学习都是有很大好处的。所以,父母一定要相信孩子,也要祝福和帮助孩子!

必须了解的小升初规则

眼看着就要小升初了,对于乐乐一直坚持散养的妈妈,因为最近工作太忙碌,在大多数家长都在忙着为孩子找合适学校的时候,并没有过多时间去关注初中学校的选择。妈妈一直觉得时间还早着呢,也因为乐乐的学习成绩一直非常好,所以根本没有把择校问题提上日程。

有一天,妈妈因为工作上的紧急情况,临时决定要出差,出差之前还想着等回来就着手择校问题,结果等到妈妈盘桓在外地半个多月终于回来的时候,突然得知乐乐一直以来很喜欢的那所初中在她出差期间进行了培训班招生。而且,这所学校非常优质,由于报名的人太多,所以招生的时间才过半,就已经招满了。要想上这所学校,必须报名参加培训班。妈妈追悔莫及,却没有更好的选择。最重要的是,这所学校以双语教学为主,而乐乐非常擅长英语,也完全符合这所学校的招生要求。这可怎么办呢?

眼看着孩子就要小升初,对此,父母一定要打起精神来,为孩子的前途负责。大多数六年级的孩子对于自己将来要上哪一所中学,并没有明确的观念。又因为忙于升学考试,所以也没有足够的时间和精力来应付择校的相关事宜。在这种情况下,父母作为孩子的监护人,一定要端正态度,也要抽出足够的时间和精力来帮助孩子筛选合适的学校,在认准目标学校之后就要密切关注学校具体的招生政策。通常情况下,小升初考试有具体的政策，而每一所初中也有自己的政策。孩子要想如愿以偿升入合适的学校，一则要了解小升初考试的政策，二则要了解目标学校的相关政策，才能作好充分的准备。

实际上，很多父母都不知道孩子上哪所学校与上培训班之间的关系。其实，要先决定上哪所学校，才能有的放矢地报名参加对口的培训班。虽然说即使报名参加了某所中学的培训班，也未必就能如愿以偿进入对口中学，但是在顺利报名参加培训班之后，孩子考入这所中学的概率就会大很多。总而言之，对于孩子的小升初，父母一定不要被动地等待排位，而是应该占据主动，先采取措施为孩子争取心仪的学校。

孩子即使有拼搏的精神，即使是推优，也未必能够进入心仪的学校。所以父母一定要采取攻势，先主动争取进入心仪的学校，实在不行，再退而求其次接受被动安排。孩子的人生没有重来的机会，虽然父母不要过度在乎孩子的成绩，但是在该争取的时候还是要努力争取，才能给予孩子最佳的成长空间。

父母一定要注意，如今的学校不再唯成绩是论，而是非常关注孩子的综合素质。虽然如今整体上还是应试教育，但是素质教育的地位在大大提升，为此父母要未雨绸缪，在兼顾应试教育的同时，也要提升孩子的素质教育水平。只有先作准备，才能避免孩子在小升初时素质教育不合格的窘境。父母应尽早明白这个道理，并在孩子处于小学低年级时就着手培养和提升孩子的素质水平，为孩子将来小升初择校作好准备。

父母是孩子最好的心理咨询师

眼看着小升初考试在即,乐乐对于即将到来的考试非常重视,也特别紧张。原本睡眠非常好的乐乐,越是临近考试,越是忐忑不安,居然出现失眠的状况,夜晚洗漱完躺到床上,总是要过很久才能睡着。对于乐乐紧张不安的样子,妈妈很担心,为此对乐乐说:"乐乐,你不要这么紧张,既来之则安之,反正考试是无法回避的,与其紧张应对,导致考试成绩受到影响,还不如坦然处之,这样也能最大限度考出好成绩。"乐乐说:"紧张都不一定能考出好成绩,更何况不紧张呢?"妈妈忍不住笑起来:"紧张与考试成绩之间的关系是呈反比的,而不像勤奋与考试之间的关系是呈正比的。你与其浪费时间和精力去紧张,收到事与愿违的效果,还不如多多勤奋和努力,保证充足的休息和良好的心态,考试时也许就无心插柳柳成荫了。"听到妈妈说得这么轻松,乐乐也稍微放松了一些。

为了缓解乐乐紧张的情绪,妈妈还给乐乐准备了一些美食,如甜点、香蕉,以及独具芬芳的各种菜品。看到妈妈这么全力以赴地支持自己,乐乐不停地告诉自己:"我一定要放松,要全力以赴考出好成绩!"还有三天就要奔赴考场,妈妈要求乐乐每天晚上按时睡觉,而不要再点灯熬夜地复习。考试前一天学校放假,妈妈还带着乐乐去吃了他最爱的自助餐。这样,乐乐觉得非常开心,也感到很快乐。果然,在考试中超常发挥,给了妈妈最好的交代。

在这个事例中,妈妈无疑是乐乐最好的心理咨询师。正是因为妈妈的信任和帮助,所以乐乐才能有效地放松心情,才能在考试中有更好的发挥。常言道,临阵磨枪,不快也光,这句话有一定的道理,但是并非绝对有道理。对于孩子来说，平日里的学习和积累才是最重要的。如果总是因为各种事情导致自己陷入被动的状态，那么谨慎紧张的状态下必然导致心神涣散，也就无法有最佳的表现。所以大考在即，对于那些玩心重、不愿意努力进取的孩子，父母一定要给予孩子最佳的帮助，也可以适度督促孩子。而对于那些相对比较懂事、对考试如临大敌的孩子，父母则要有意识地帮助孩子放松心情。对于考试，孩子未必越紧张越好，适度紧张可以强化孩子的专注力、激发孩子的潜能，但是过度紧张则会导致孩子头脑中一片空白，根本无法作出有效的反应。父母要让孩子的紧张保持在适度状态，避免孩子因为过度紧张发挥失常。

在如今的应试教育体制下，归根结底，学校要向老师要成绩，父母要向孩子要成绩，孩子则要向自己要成绩。作为学习的执行者，孩子最终承担起各个方面对于学习成绩的压力，因而紧张是在所难免的。父母要有意识地缓解孩子的压力，哪怕已经陷入教育焦虑状态，也要尽量控制好自己，从而为孩子营造宽松自如的学习和成长环境。很多父母对于孩子一贯主张高压政策，殊不知孩子毕竟是孩子，尤其是小学阶段的孩子，他们的内心是非常脆弱和敏感的。父母要采取正确的策略对待和引导孩子，也要帮助孩子激发出内心的力量，让孩子拥有主动学习的强大内驱力。唯有如此，孩子才能避免偷奸耍滑，才能在父母的引导下激发自身潜能，自主积极地成长。

很多父母在管教孩子的时候往往过于严格，实际上从心理学的角度而言，当父母过于严格的时候，孩子就会缺乏自制力。这是因为孩子知道，哪怕自己不那么努力，父母也会及时督促他们，渐渐地孩子对于父母的管教产生依赖性，也就不愿意自己监督自己发愤图强。相反，当父母给予孩子更大的自由空间去成长，孩子也许一开始会因为缺乏管教而频繁地犯错，但是当他们更加坚定自主努力向前，他们在内心深处也就会意识到，必须自己管理好自己，否则还会摔很多跟头。当孩子拥有这样的思想觉悟，哪怕父母不会盯着孩子，对孩子亦步亦趋地管教，孩子也会时刻提醒自己，从而避免因为失误而承担更多的责任和义务。总而言之，孩子的成长从来不是一蹴而就的，父母在陪伴孩子成长的过程中，除了要照顾好孩子的吃喝拉撒之外，还要关注孩子的心理健康和情绪健康。唯有成为孩子的心理咨询师，孩子在遇到困难的时候才会第一时间向父母求助，也才会在父母的指引下努力地向前，坚持不懈地提升和完善自我。在此过程中，父母也要意识到，金无足赤，人无完人，父母作为孩子的领路人，也作为孩子的指导者，必须全力以赴全方位地帮助孩子，才能让孩子的内心笃定，充满勇气地成长。

引导孩子合理制订复习计划

眼看着就要小升初考试，如今教室里已经贴上了一百天倒计时的标语，但是小若对于复习还是感到丈二和尚摸不着头脑，似乎有些蒙圈。在刚刚进行的月考中，小若的成绩很差，比以前至少下降十个名次。看到小若的学习表现，妈妈简直心急如焚，四处取经，想帮助小若提升学习成绩。在辗转认识了一位中考状元的妈妈之后，妈妈取得真经，意识到应该引导小若制订复习计划。现在的小若，就是因为对于复习没有计划，总是东看一下、西看一下，所以复习效果很差。

当然，引导小若制订复习计划并不是一件简单容易的事情，小若对于学习的内容原本就缺乏整体把握，为此妈妈又去学校找到各门课程的任课老师了解学习的内容，以及小若在学习方面的具体情况。作好充足准备之后，趁着周末，妈妈提出和小若一起制订复习计划。小若颇有些不以为然："不就是复习吗，把老师教的内容都看看就可以了。"妈妈看到小若的态度，一本正经地说："的确，复习就是把老师讲的内容全都掌握。那么，你能保证全都掌握吗？如果你可以保证，我也乐得清闲，就不用和你一起制订复习计划了。"小若被妈妈问住了，沉思良久才说："我怎么保证啊？"妈妈笑着说："那就乖乖和妈妈一起制订复习计划，这能帮助你节约复习时间，提升复习效率。"

在妈妈的引导下，小若制订了非常详细的复习计划，此前一直被学习追着跑的小若，在计划的指引下按部就班地学习，居然觉得自己摇身一变成了学习的主人。因为复习效率得以保障，在又一次月考中，小若的成绩也水涨船高。

如果没有复习计划的指引，很多孩子在复习的时候都会呈现出小若的状态，即觉得自己被学习追赶着跑，却完全没有时间停留下来，获得更好的成绩。当发现自己在学习中一头雾水的时候，孩子们就应该制订计划，从而做到井然有序地复习；当在学习中遇到困难，不知道如何把复习进行下去的时候，孩子们也需要制订复习计划。

需要注意的是，父母在指引孩子制订复习计划的时候，首先要了解孩子学习的内容以及需要复习的内容，这样才能对需要复习的知识量有一个整体的把握。其次，要了解孩子在学习方面的表现，这样才能根据孩子的特点量身定制复习计划。如果计划脱离孩子学习的实际情况，就无法收到最佳的效果。最后，制订复习计划，还要把握适度的原则。很多父母在督促孩子学习的时候，恨不得让孩子一口吃成胖子，殊不知，这对于孩子而言是不公平的。每个孩子都有学习的优势和长处，也有学习的劣势和短处，尤其是每个孩子对于学习的领悟能力，以及理解和记忆能力都是各不相同的。所以父母在为孩子制订复习计划的时候，要从孩子自身出发，掌握适宜的进度，而不要期望孩子马上就能掌握所有的知识。正如人们常说的，罗马不是一天建成的，孩子的成长有其节奏，父母要尊重孩子成长的节奏，因势利导，而不要总是对孩子过于拔高和催促。

合理的复习计划，还要以效果作为检验。在制订复习计划后，父母不要觉得只要坚持去做就可以。因为一个复习计划的好坏，最终还是要以效果作为评判的标准。那么在制订复习计划的时候，每隔一段时间，父母就要按照孩子的进度，进行与之相对应的检验。如今市面上很多的测试卷，就是检验孩子复习效果的好工具。不过，需要注意的是，要购买与孩子所用的教材相配套的测试卷，如果教材与测试卷不配套，孩子做起来很困难，也会因为成绩太差而打击自信心。

对于即将小升初的孩子，有计划地展开复习，保证复习的效果，是至关重要的。如果复习没有效果，那么就会对孩子的学习和成长毫无作用，自然也不能促进孩子进步。父母要有足够的耐心陪伴孩子成长，要知道孩子的进步从来不是一蹴而就的，唯有因势利导，孩子才会取得更大的进步。

不要盲目追求名校、特色学校

很多父母在给孩子小升初择校的时候，总是削尖了脑袋往名校里钻，不得不说，这样的做法并不可取。这些父母误以为孩子只要进入名校、特色学校，就相当于进入了升入重点高中的保险箱。其实不然。孩子初中阶段的学习固然重要，但是能否升入重点高中，还取决于孩子在初中阶段中的具体表现。没有任何一家学校会对孩子的升学打包票，所以父母在为孩子选择初中的时候，也要摆正心态。

有人说，孩子能否升入一所好的初中，对于孩子的成长不会起到决定性作用。而相比起好的初中，孩子能够遇到好老师才是更大的幸运。从这个角度来说，父母不要一味地督促孩子考名校、特色学校，而是要从人文环境等各个方面进行综合考虑，从而找到最适合孩子的学校。举个最简单的例子，如果孩子本身的学习成绩并不特别优秀，而父母却花钱让孩子进入出类拔萃的学校，那么在这所学校里，与那些学霸当同学，一则孩子无法跟上学霸的学习节奏；二则孩子会承受很大的压力，甚至失去自信。所以说，名校未必适合每个孩子，特色学校也要真的有特色才行，否则就给孩子选择最合适的学校，反而能够让孩子快乐学习、健康成长。

对于孩子而言，他们一定要爱上学习，才能有的放矢地在学习上投入和付出，学习也更容易出成果。如果孩子压根不喜欢学习，对于学习也没有热情和兴趣，他们很容易陷入被动的状态，也导致学习成绩停滞不前。父母必须认清楚一个现实，那就是每个孩子在学习方面的能力不尽相同。有的孩子学习能力强，心理素质也很好，这样的孩子就是潜在的学霸。而有的孩子学习能力不强，而且心理素质很差，那么即使他们在小学阶段学习成绩比较好，也会出现后续乏力的情况，父母不要盲目为孩子选择名校。因为一旦进入名校，面对强手如林的学习氛围，他们很快会在学习方面呈现出疲惫的态势。日久天长，他们的自信心就会受到影响。

此外，特色学校尽管如雨后春笋般层出不穷，也成为很多私立学校在竞争中取胜的撒手锏，但是对于孩子而言，如果本身的特长并不符合特色学校的需要，还是不要盲目尝试的好。父母一定要牢记一个原则，兴趣是最好的老师，所以在为孩子选择特色学校的时候，一定要从孩子感兴趣的内容出发，而不要盲目地为了上特色学校而逼着孩子去学习不喜欢的东西。退一步而言，即便孩子真的对特色学校的特色感兴趣，也要慎重思考孩子将来是否要走特色发展的道路。不要因为捡芝麻而丢了西瓜，也不要为了收获特色而放弃整片人生的森林。对于小升初的孩子而言，人生的道路还很漫长，他们甚至对于自身还没有理性全面的认知。在这种情况下，如果总是纠结于特色，对于孩子的未来是没有好处的。

父母到底应该怎么给孩子选择学校呢？首先，要考察孩子的各方面条件和综合素质，从而把握合适的原则。其次，只有合适的学校才能激发孩子的潜能，也只有好的学习氛围，才能让孩子爱上学校。总而言之，父母要记住，所谓名校未必就是对孩子而言最好的学校，所谓特色学校一定要符合孩子的兴趣所在。父母对于孩子的成长要摒弃急功近利的思想，综合考虑孩子的现实情况和综合实力，为孩子选出最合适的学校，这才是有助于孩子学习和成长的。

公办学校与民办学校

如今，随着自主办学的政策越来越好，很多教育家或立志于从事教育的人，都会自主办学，为此各种民办学校也如雨后春笋般层出不穷，让小升初的孩子和父母有了更多的选择。一直以来，在公办学校和民办

学校的选择上，都有相对稳定的学生群体，例如，有的父母坚定不移地认为公办学校好，而有的父母则坚定不移地认为民办学校更好。如今，随着民办学校的师资力量的增加、学校配置越来越齐全，很多父母也从坚定不移地选择公办学校变为对于民办学校同样怦然心动。

通常情况下，公办学校与民办学校有什么不同呢？大多数父母认为初中是至关重要的，连接着孩子的小学和高中，甚至对于孩子未来高考都有很大的影响。此外，初中生正处于青春叛逆期，他们很容易在初中阶段出现各种各样的问题，所以父母更愿意在初中阶段把孩子送到硬件设备过硬、师资力量强大，尤其是对于孩子有服务意识的民办学校。那么，民办学校一定比公办学校更好吗？

不可否认，有一段时间里，民办学校因为有充足的资金，所以在硬件配置上比公办学校好很多，而且所聘用的老师也都是实力更强的。但是民办学校也有明显的弊端，那就是在一些民办学校里，老师并不稳定，而且因为是新学校，还没有经过中考的检验。近些年来，国家对于公办学校大力支持，很多公办学校的硬件设施都已经更新，老师的配备也提升了一个大档次。这样，公办学校与民办学校平分秋色的黄金时代到来。此外，公办学校的老师更加稳定，经验丰富的老教师多，这也是不争的事实。

父母在给孩子选择学校的时候，一定不要单纯地以为公办学校就一定比民办学校好，也不要盲目地认为民办学校一定远远优于公办学校，而是要根据具体学校的不同进行全方位的比较和实地考察。毕竟为孩子选择哪一所学校，不是只看数据就可以决定的，这所学校的人文气息孩子是否喜欢、学术氛围是否浓郁，或者学校里的治学风气是否是孩子能够适应的，都是影响父母与孩子决定是否选择一所学校的重要因素。有的学校即使名声在外，很多人都极力推崇，但是如果不适合孩子，那么对于孩子来说就不是最合适的学校。

通常情况下，判断一所学校是好还是不好，是否真正适合孩子，要看以下四点：一是硬件；二是师资力量；三是校风校纪；四是校园管理。硬件设备是考察一所学校的最基本条件，毕竟孩子进入校园之后要用到学校里的硬件帮助学习；如果说硬件设施很重要，那么师资力量就是校园的软实力，一所学校如果没有好的老师，即使有再先进的硬件设施也无法做到有效帮助孩子学习；孩子每天都要在校园里生活，对于住校的初中生而言，校园就是他们的另一个家，为此，校园环境对于孩子而言是至关重要的，只有严明的校风校纪，才能督促和激励孩子不断成长，自我约束；初中生正值青春期，原本就自我能力欠缺，很需要外部的力量来督促和约束他们，为此校园管理也是至关重要的。在一个管理很混乱的学校里，学生没有良好的学习环境，彼此之间产生负面的影响，导致成长简直一团糟。此外，严明的校园管理，还有助于帮助孩子养成好习惯，督促孩子努力进取，对于孩子的未来也会起到不可低估的作用。

总而言之，一所学校到底是否适合孩子，并不取决于它是公办还是民办的性质。父母一定不要单纯以民办还是公办来判断一所学校，而是应该结合孩子的情况和学校的具体情况，进行细致入微的分析和考量。尤其是对于生活在学校附近的居民，因为与学校"朝夕相处"，父母也可以向他们多多打听，这可比单纯地听从肯定或否定的建议来得更加真实有效。只有为孩子选择最适合的学校，才有助于孩子的成长，才能督促孩子不断进步。

走读好，还是住宿好

决定好学校后，如果学校规定实行军事化管理只能住宿，或者实行走读制，孩子只能走读，那么父母也就无须纠结，只要想方设法根据自家情况解决困难就好。但是如果学校实行两种制度并行管理，父母就又陷入一个两难的处境：到底是走读好，还是住宿好？关于走读还是住宿的问题，各有利弊。走读，孩子每天可以回家，吃住条件都更好，但是在来回的路上会浪费时间，而且孩子一直在父母身边长大，到了必须住校的时候，肯定会对父母有依赖性，自理能力也有限。住宿，住在学校里，从父母的角度来说眼不见心不烦，相当于把孩子的学习彻底交给老师，但是如果孩子自制力差，在和很多同龄人一起生活的过程中难免会沾染一些坏习惯，也会因此而导致学习成绩出现波动。但是，住校能够培养孩子的自理能力，如果孩子本身有足够的自控力，其在学习上就会有很好的表现。从这个角度来说，到底是让孩子走读还是住宿，父母要根据孩子的情况来决定。

每个孩子从呱呱坠地开始就依赖父母的照顾生存，为此他们对于父母的依赖性是很强的。然而，父母即使再爱孩子，也不可能陪伴和呵护孩子一辈子，明智的父母会在孩子小的时候，就有的放矢地培养孩子的自理能力，让孩子在纪律的约束下，更加激发出自身的主观能动性，从而有的放矢地提升自我。从这个角度来说，孩子住在学校里，生活上得不到父母的照顾，反而会变得更加独立自强。为此当父母发现孩子过于依赖父母的时候，就要有意识地说服孩子在学校住宿，从而未雨绸缪增强孩子的自理能力，也增强孩子的自制力。不得不说，相比起走读的孩子，住在学校里的孩子有更多的时间用来学习。此外，因为住宿在学校里，是需要孩子遵守共同的作息时间的，所以孩子会养成为他人着想的好习惯，交际能力也会大幅度增强。

当然，需要注意的是，住宿的最大弊端就是父母与孩子相处的时间减少。所以即便孩子选择住宿在学校，父母也要有的放矢地与孩子保持沟通，经常和孩子谈心，或者常常了解孩子的日常饮食起居、与同学的交往，这样才能保持对孩子的随时关注，在孩子有异常的时候，第一时间给予孩子关心和照顾，陪伴孩子度过躁动的青春期。父母要记住，不管把孩子暂时交给谁来看管，对于孩子的成长来说，父母都是第一责任人。父母要负责照顾孩子的成长，也要关注孩子的心理健康和情绪健康，并对孩子起到引导和照顾的作用。

那么，什么样子的孩子可以选择走读，坚持每天都回家呢？父母如果有充足的时间帮助孩子主动学习，孩子本身也很积极主动，具有很强的自控力，孩子就可以选择走读。需要注意的是，初中阶段的孩子处于青春叛逆期，在此阶段父母与孩子相处融洽，对于孩子成长有很大的好处。总而言之，父母无须过分纠结是走读好还是住宿好，在可以选择走读或住宿的情况下，要根据孩子成长的实际情况进行选择，这才是最重要的。适合的就是最好的，对于教养孩子来说这是亘古不变的真理。

当然，父母还要端正心态，不要觉得孩子选择住宿，就相当于交给老师全权负责。任何时候，老师和父母在孩子的成长中都是不可或缺的重要人物，而且父母比老师陪伴孩子的时间更长，对于孩子所起的作用也更大。所以父母一定要有的放矢地帮助孩子成长，也要在孩子成长过程中肩负起至关重要的作用，帮助孩子获得健康充实的人生。

父母做好三点，小升初顺利度过

虽然学习是孩子自己的事情，但是小升初可不是孩子在单打独斗，可以说在小升初的过程中，父母的引导作用对于孩子的升学有至关重要的影响。为什么这么说呢？因为孩子在小升初的关键时刻，要把大量的时间和精力用于学习，对于择校无暇关注。此外，小升初的孩子还比较小，不是那么有主见。所以在小升初择校的时候，父母起到至关重要的作用，这也就要求父母必须慎重对待孩子小升初，要作完全的准备和打算，一旦父母有所疏忽，孩子就会受到影响，甚至导致无法升入心仪的学校。

如果父母对于孩子的学习特别有信心，只给孩子报名了两所重点初中，那么一旦孩子在考试过程中发挥失常，或者因为其他原因影响考试，则根本没有机会再去进行选择。其实，父母对于孩子固然要有信心和把握，也要意识到孩子很有可能在考试过程中出现其他的问题。为了以防万一，父母还可以为孩子准备第三志愿学校，以这样的方式提升孩子的胜算。否则，孩子错过第一所学校，再影响第二所学校的录取，那么原本很优秀的孩子就只能等待电脑派位，这对于孩子而言是很大的损失。所以在给孩子填报小升初志愿的时候，父母要尽可能多地填报几所好的初中，这样，万一孩子出状况没有被最佳选择的初中录取，还可以顺位后延。

与此相对应的是，父母应该在很多方面都多作准备。例如，很多学校都有对应的培训班，父母可以提前给孩子报名，让孩子参加培训班，从而增大录取概率。当然，在此过程中，父母一定要多多收集小升初的信息，尤其是孩子意向学校的信息。如果觉得一头雾水，还可以向那些有小升初经验的父母请教、取经。只有把准备工作做得充分，才不至于在出现瑕疵的时候感到懊悔。

具体来说，父母要做到以下三点，才能在小升初的过程中尽到父母的责任和义务，也最大限度为孩子提供助力。

首先，要尽早进行小升初的准备。很多父母总觉得孩子才上五年级，小升初还得两年呢，不着急。殊不知，父母一直要求孩子不要输在起跑线上，自己比其他父母远远落后，这怎么能让孩子不懊丧呢？小升初是孩子人生中的重要转折点，小升初完成得好，孩子未来的学习和成长都会很顺利；小升初完成得不好，孩子未来的学习和成长都会受到影响。很多父母在孩子升入三年级时就开始关注初中信息，这正是对孩子的学习负责任的态度。等到孩子读四年级，父母就应该有意识地为孩子报名参加培训班等，这样，孩子就能在小升初的道路上未雨绸缪地积蓄力量，未来需要爆发的时候，也就可以更加从容不迫。

其次，父母一定要通过各种渠道收集信息。只靠自己，父母很难得知小升初的全面信息，而且小升初的信息每年都有调整和变化，每所学校具体的招生政策也不停地改变，所以父母要打起精神来收集小升初的政策和信息，这样，才能有的放矢地做好小升初的准备工作。需要注意的是，父母不要把择校的希望寄托在老师的建议上。因为每个班级里都有大概四十个孩子，有的老师还负责教两个班级，所以老师根本不可能像父母一样了解孩子。所以，父母一定要多多关注孩子的学习情况，也要及时与老师进行沟通，这样才能知己知彼，百战不殆。有些父母也许会感到困惑：从哪里收集小升初的信息呢？当今时代，要说信息的交流地，最好的就是网络。很多学校都有论坛，父母可以早早加入论坛潜水，一边钻研小升初政策，一边听听其他父母的真知灼见，何乐而不为呢！

最后，父母在助力孩子进行小升初考试的时候，不管有什么想法或建议，都要当机立断去执行，而不要拖延。每年都有那么多孩子小升初，比较好的学校都会有很多父母将其作为孩子的目标，所以在得知好消息之后一定要第一时间展开行动，而不要总是拖延。要知道，父母此刻稍微拖延，就是在影响孩子的升学，导致孩子在成长过程中陷入被动的困境。当然，孩子能否在成长过程中有所收获，能否通过考试进入自己理想的学校，不但关系到孩子的未来和人生，也关系到父母的幸福。因而，父母一定要打起精神来，为了整个家庭的幸福快乐作好准备，随时起飞。

当然，尽管小升初如此重要，但是对于孩子漫长的人生来说，它并不起绝对的决定作用。所以父母尽管可以尽力帮助孩子准备，却也不要给予孩子过大的压力，避免孩子因为紧张而发挥失常。任何时候，父母对于孩子的成长都是至关重要的，父母一定要摆正心态面对孩子的升学考试，也要全力以赴、淡定从容地助力孩子的升学考试。所谓万事俱备，只欠东风，在孩子的成长过程中，父母一定是对孩子影响最大的因素。所以，父母肩负着帮助孩子成长的重要责任，一定要谨言慎行，也要不遗余力地给予孩子积极正向的能量。

参考文献

[1]柴一兵.陪孩子走过小学六年[M].北京：北京工业大学出版社，2014.

[2]李慧敏.每天60分钟，陪孩子走过小学6年[M].北京：清华大学出版社，2018.

[3]李志林.陪孩子走过小学[M].北京：中国商业出版社，2013.